Sekundarstufe

Rudi Lütgeharm

Trendsport

Outdoor Fitness

Sport im Freien

AF567695

Kraftübungen

Koordinationsübungen

Kleine Spiele

Neue moderne Fitnessübungen für einen motivierenden Sportunterricht

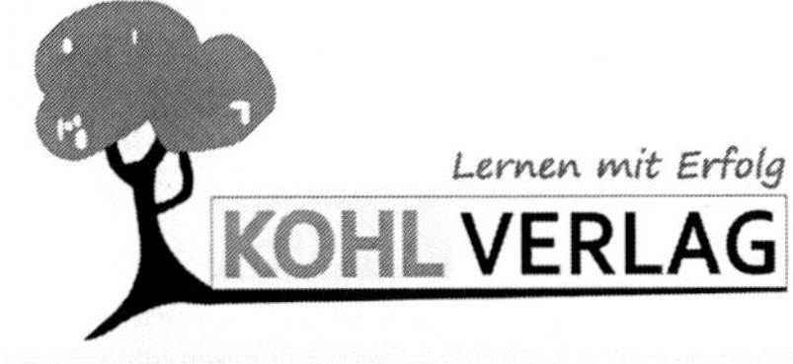

www.kohlverlag.de

Trendsport Outdoor-Fitness

Sport im Freien

1. Auflage 2020

Inhalt: Rudi Lütgeharm
Coverbild: © contrastwerkstatt - AdobeStock.com
Illustrationen: Scott Krausen
Redaktion: Kohl-Verlag
Grafik & Satz: Kohl-Verlag
Druck: farbo prepress GmbH, Köln

Bestell-Nr. 12 346

ISBN: 978-3-96624-019-2

Bildquellen AdobeStock:

S. 4: Svetlana, Coka; **S. 5:** Michael Otto; **S. 6:** soleg, pololia; **S. 7:** Africa Studio, New Africa; **S. 8:** pololia, Pixel-Shot, boryanam; **S. 9:** Юрий Красильников (2x), Kzenon, Svetlana; **S. 12:** contrastwerkstatt (2x); **S. 14:** Klaus von Kassel, Racle Fotodesign, Svetlana, Markus Bormann, Robert Kneschke; **S. 16:** amriphoto, Jovan, Sanja, Jale Ibrak; **S. 17:** Boggy, takoburito, boyloso, Yakobchuk Olena; **S. 18:** Lars Zahner, SundGo, Markus Bormann, serhiibobyk; **S. 19:** wolf1984 (2x), Pixel-Shot, Kzenon, rock_the_stock; **S. 20:** Mny-Jhee, serejkakovalev, Boris, checker; **S. 21:** contrastwerkstatt, Shopping King Louie, Sanja, skumer, Coka; **S. 22:** ARochau, contrastwerkstatt, Dirima, Klaus von Kassel, Robert Kneschke, Kzenon; **S. 24:** Starstuff, AntonioDiaz, Jovan; **S. 25:** Shopping King Louie, Sanja, YuryGulakov; **S. 26:** opolja, contrastwerkstatt; **S. 27:** colt1911a1; **S. 28:** skumer, AntonioDiaz, Coka; **S. 29:** Syda Productions, nicoletaionescu, Mitch Shark, **S. 30:** Юрий Красильников, wolf1984, undrey, Michael Otto; **S. 31:** takoburito, Юрий Красильников (2x), WavebreakmediaMicro, bnenin, kegfire; **S. 33:** aerogondo, jsco; **S. 34:** leszekglasner, Samo Trebizan; **S. 36:** Юрий Красильников; **S. 37:** hakase420, lunaundmo; **S. 38:** makam1969, Kzenon; **S. 39:** Racle Fotodesign, Robert Kneschke; **S. 40:** Robert Kneschke (2x); **S. 41:** Yuric-Bel, Boggy; **S. 42:** hakase420 (2x); **S. 43:** Lars Zahner, inesbazdar xalanx; **S. 45:** Halfpoint; **S. 46:** Monkey Business; **S. 47:** ARochau; **S. 48:** pololia, serejkakovalev, WavebreakMediaMicro; **S. 49:** Konstiantyn Zapylaie, leungchopan; **S. 50:** AntonioDiaz, Klaus von Kassel, Mangostar, Павел Костенко; **S. 51:** soleg, Sanja (2x), dirkschiff; **S. 54:** contrastwerkstatt (2x), Jovan; **S. 55:** Shopping King Louie, Jale Ibrak, Svetlana, Kzenon, wolf1984, rock_the_stock; **S. 56:** Юрий Красильников, Boggy, opolja, contrastwerkstatt, undrey; **S. 57:** Svetlana, dojo666, Africa Studio, YiuCheung; **S. 58:** Sanja, Svetlana, Dirima, contrastwerkstatt, milanmarkovic78; **S. 59:** djile, Africa Studio (2x), Dmytro Titov, contrastwerkstatt, arvin; **S. 60:** Pixel-Shot; **S. 62:** lkoimages, Jovan, AntonioDiaz, Ana Blazic Pavlovic; **S.63:** Sanja, Svetlana,Syda Productions, amenic181, AntonioDiaz; **S. 64:** AYAimages, phpetrunina14, Kadmy.

Inhalt

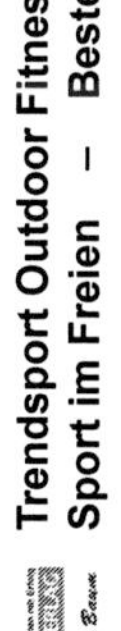

1 Vorwort/Einführung

Trendsport – Outdoor Fitness – Sport im Freien

Die Natur wird zum Sportplatz. Es werden natürliche Gegebenheiten ebenso genutzt wie vom Menschen angelegte Veränderungen. Mit etwas Einfallsreichtum und Kreativität wird der Schulhof, das Umfeld der Schule, die gesamte Sportplatzanlage, der naheliegende Park, die Wiese usw. zum Sportplatz – zur Übungsstätte für Kinder und Jugendliche.

Eine neue Umgebung weckt Interesse und setzt neue spezifische Reize. Außerdem trägt das Üben und Trainieren im Freien an der frischen Luft zur Entwicklung eines gesunden Immunsystems bei.

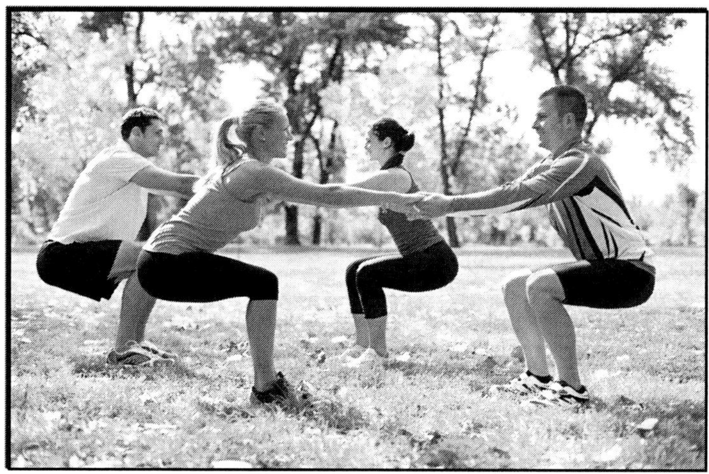

Das Schulen bzw. die Verbesserung von Kondition und Koordination – gerade in frischer Luft – hat insgesamt einen positiven Einfluss auf die gesamte Entwicklung der Jugendlichen.

Was in Kalifornien, Brasilien oder Australien schon seit Jahrzehnten betrieben wird, ist jetzt auch bei uns auf dem Vormarsch. Trendsport – *Outdoor Fitness* – setzt sich immer mehr durch, erfreut sich immer größerer Beliebtheit.

Natürliche Gegebenheiten wie Baumreihen, Baumstämme, Äste an Bäumen, Gräben, Bordsteinkanten, Hügel, Bänke, Treppen, Stufen, kleine Hindernisse und unterschiedliche Bodenverhältnisse etc. werden für den Sportunterricht/das Fitnesstraining genutzt. Menschen, die Lauf- und Sprungübungen, Liegestütze, Kniebeugen, Klimmzüge und Dehnungsübungen durchführen, kann man in Grünanlagen heute schon häufig beobachten.

- Sportbekleidung und Laufschuhe sind alles, was man für Outdoor Fitness benötigt.
- Die Übungen können allein, manchmal mit einem Partner (oder auch in einer Kleingruppe) unter Einsatz des eigenen Körpergewichts ausgeführt werden.

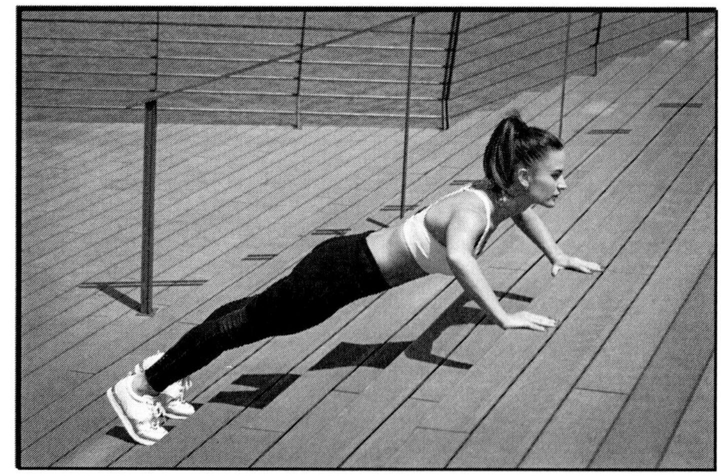

KOHL VERLAG Der Verlag mit dem Baum
Trendsport Outdoor Fitness
Sport im Freien – Bestell-Nr. 12 346

1 Vorwort/Einführung

Sport *draußen* kommt bei Kindern und Jugendlichen in der Regel gut an, **weil benutzt wird, was man *draußen* vorfindet** und es außergewöhnlich ist. In der Regel findet der Sportunterricht immer in der Sporthalle an und mit genormten Geräten statt.

Auch in den Lehrplänen/Curricula finden neue Trends Berücksichtigung:

„Es besteht die Möglichkeit, auf bestehende und nicht absehbare Trends angemessen zu reagieren und deren Potenzen für den Schulsport zu sichern."[1]

Outdoor Fitness macht Anfängern (Ungeübten) genauso viel Spaß wie Fortgeschrittenen (Geübten).

- Dieses Buch zeigt die vielfältigen Möglichkeiten des Sportunterrichts/des Übens und Trainierens draußen auf und veranschaulicht die praktische Umsetzung mit Beispielen.
- Dem Sportlehrer; Übungsleiter und Trainer werden Hilfen an die Hand gegeben, die Möglichkeiten des Sporttreibens draußen zu erkennen und die situativen Bedingungen für interessante Übungen zu nutzen.

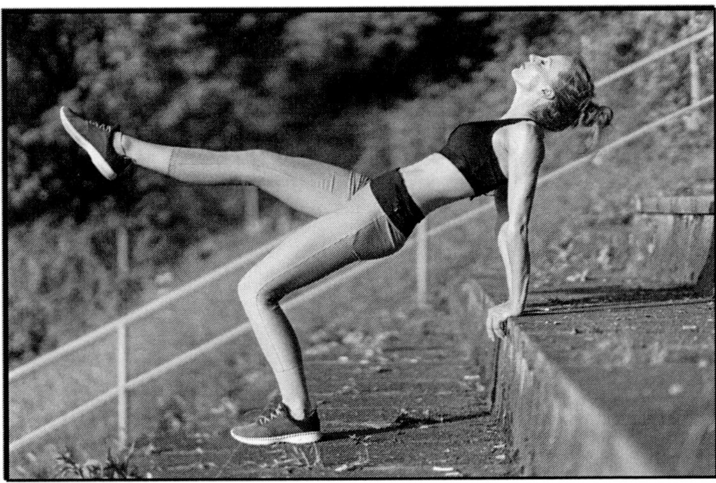

Viel Spaß draußen an der frischen Luft mit vielen interessanten Übungen …
wünschen der Kohl-Verlag und

Rudi Lütgeharm

[1] Freistaat Sachsen – Staatsministerium für Kultus – Lehrplan Grundschule Sport S. 3

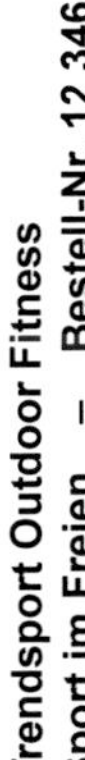

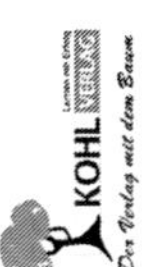

2 *Draußen*sport – Sport im Freien – Lehrplan

Wenn man Grundschulkinder draußen beobachtet, so stellt man fest, dass sie ständig nach neuen Bewegungsanlässen in ihrer Umwelt suchen, z.B. indem sie

- über Baumstämme/dicke Äste balancieren;
- an einem Klettergerät auf dem Schulhof klettern und hangeln;
- über eine Pfütze hin-und-her-springen;
- über Kantensteine an Fußwegen vorwärts und rückwärts balancieren;
- auf eine kleine Mauer klettern und hinunter springen;
- an einer Seite einer Treppe schnell hochgehen (laufen) und an der anderen Seite hinabsteigen (laufen);
- sich an Stangen oder Äste hängen, hin- und her-schwingen und abspringen etc.

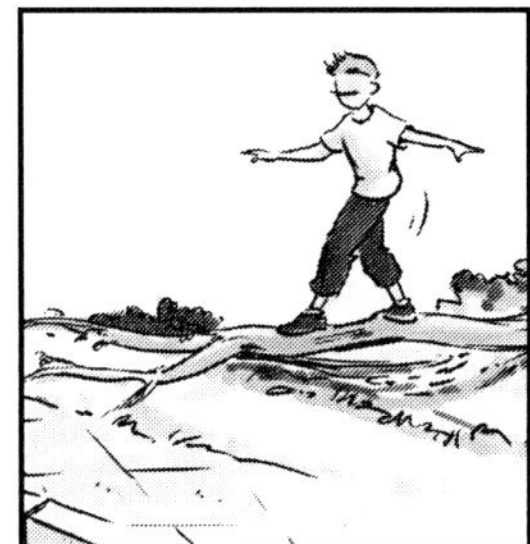
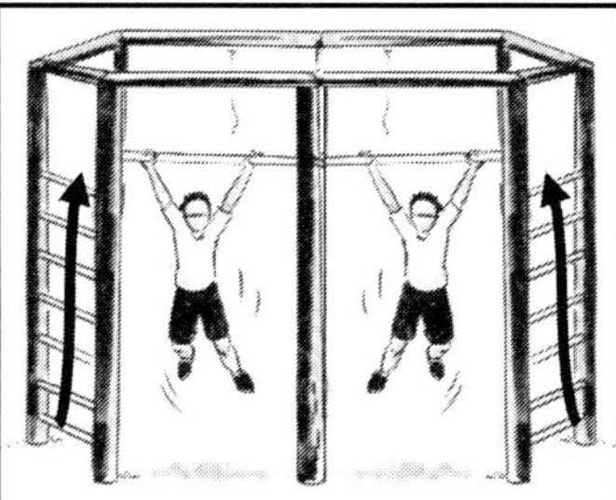
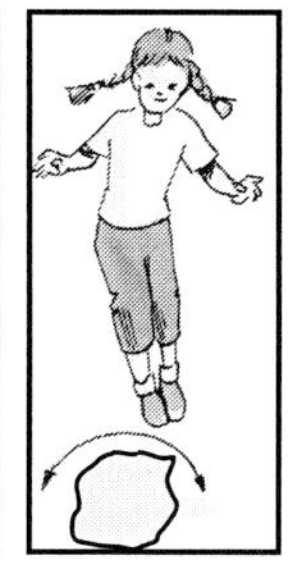
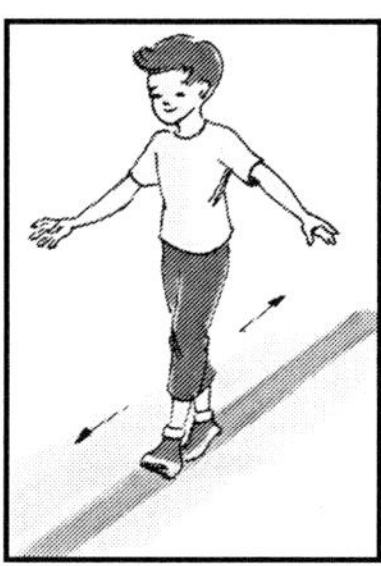
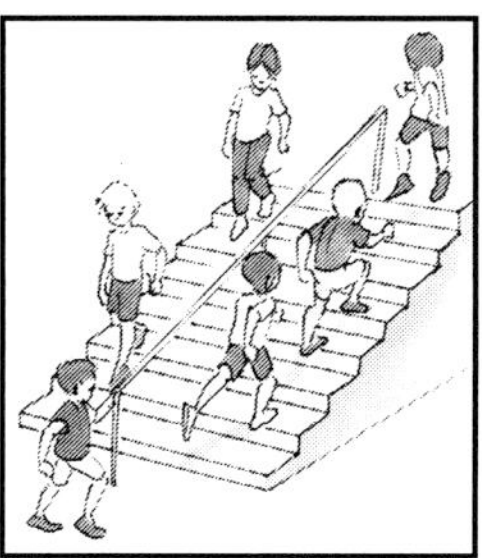

Draußen auf dem Schulgelände oder in der freien Natur kann diesem Bedürfnis der Schüler entsprochen werden. Dort ergeben sich für Kinder und Jugendliche ganz andere Bewegungsmöglichkeiten als in der Sporthalle.

Schulsport *draußen* bietet den Schülern die Möglichkeit, eigene und angeleitete Bewegungserfahrungen an der frischen Luft und in einer besonderen Umgebung zu machen.

> *Freistaat Sachsen, Staatsministerium für Kultus, Lehrplan Grundschule Sport, S. 3:*
> **Sportunterricht sollte so oft wie möglich im Freien stattfinden.**

In der Regel findet der ganz normale Sportunterricht in der Sporthalle statt. Immer dann, wenn die Sporthalle überbelegt ist oder es an Sportstätten mangelt, geht der Sportlehrer mit seiner Klasse nach *draußen*: Außengelände der Schule, Sportplatz, naheliegender Park, eine Grünanlage etc., um hier (aus der Not geboren) den Sportunterricht durchzuführen.

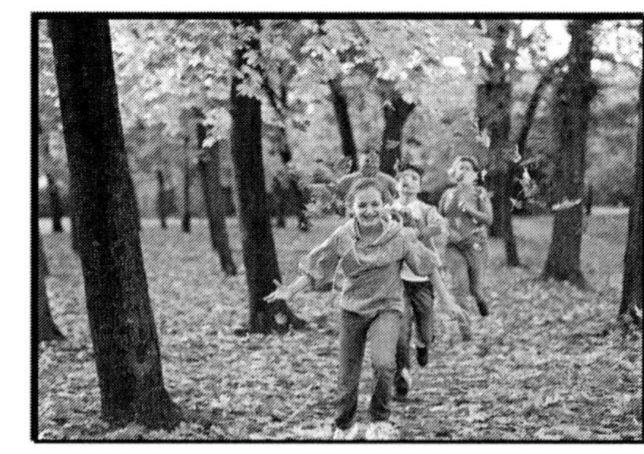

Dieser Umstand kann manchmal auch sehr nützlich sein, weil die Schüler beim *Draußen*sport neue und ganz andere Bewegungserfahrungen machen können. Viele Kinder und Jugendliche treiben schon jetzt in ihrer Freizeit mit ihrer Familie, mit Freunden Sport auf Spiel- und Sportplätzen, in Parks und Grünanlagen etc. Diese Bewegungsaktivitäten gehören für viele genauso zum Alltag wie der organisierte Sportunterricht in der Schule oder im Verein.

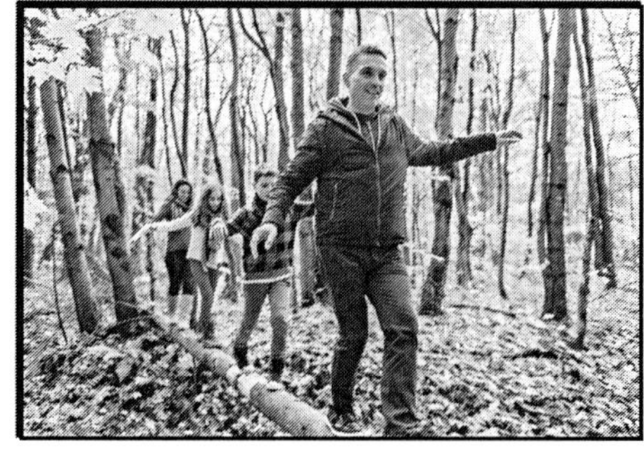

KOHL VERLAG Trendsport Outdoor Fitness Sport im Freien – Bestell-Nr. 12 346

2 *Draußen*sport – Sport im Freien – Lehrplan

Auch die Schulen selbst bieten heute viele Bewegungsmöglichkeiten für den *Draußen*sport – Sportunterricht im Freien. Viele Schulhöfe (das Schulgelände) sind heute bewegungsorientiert gestaltet („Bewegte Schule").

Auch in den Lehrplänen/Curricula für Sport finden sich ermutigende Aussagen zum Sportunterricht im Freien und Hinweise „auf Trends angemessen zu reagieren".

Freistaat Sachsen, Staatsministerium für Kultus, Lehrplan Oberschule Sport, S. 3:
Im Lehrplan Sport werden grundsätzlich zwei Typen von Lernbereichen unterschieden:

Typ 1: Die Inhalte der Lernbereiche Typ 1 orientieren sich an Sportarten. Lernbereiche: Sportspiele – Leichtathletik – Turnen – Gymnastik/Aerobic/ Tanz – Kampfsport/Zweikampfübungen – Schwimmen – Wintersport.

Typ 2: Die Inhalte der Lernbereiche Typ 2 tragen einem weiten Sportverständnis Rechnung und sind in der Regel nicht an traditionellen Sportarten orientiert.

- Bewegungserlebnisse in der Natur: Unter Ausnutzung regionaler Besonderheiten wird die Möglichkeit geschaffen, vielfältige Bewegungsaktivitäten außerhalb des Schulgeländes durchzuführen.
- Formen der neuen Spiel- und Bewegungskultur: Es besteht die Möglichkeit, auf bestehende und nicht absehbare Trends angemessen zu reagieren und deren Potenzen für den Schulsport zu sichern.

An sich nichts Neues ...

Heute bezeichnet man die *Draußen*pädagogik als „Outdoor Education", Grünes Klassenzimmer oder *Draußen*unterricht. Dabei ist das alles nichts Neues, man meint damit die in Deutschland altbekannte, aber vergessene Idee: Schulunterricht außerhalb des Klassenzimmers, d.h. im Freien durchzuführen. Fachunterricht im Freien systematisch nach einem Bildungsplan umzusetzen, war schon das ursprüngliche Ansinnen von Christoph Friedrich Gutsmuths[2].

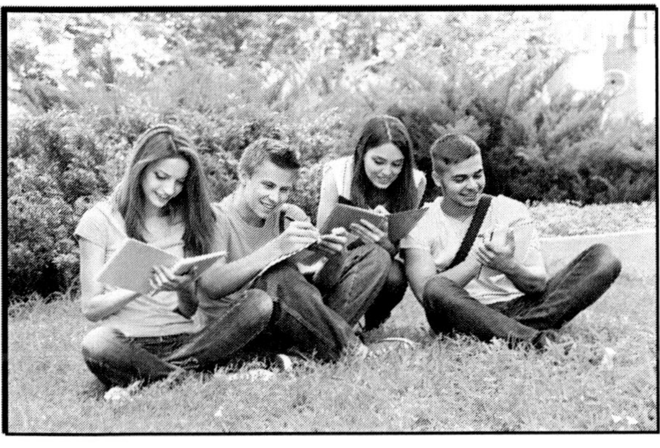

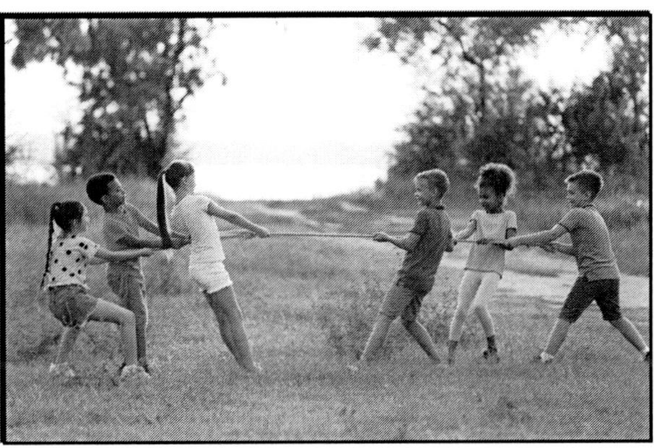

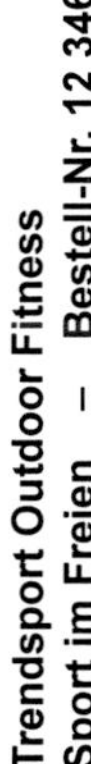

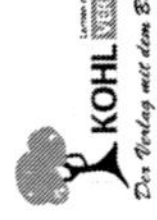

[2] Gutsmuths: 1759-1839. Zu den wichtigsten Werken Gutsmuths zählt das 1793 verfasste „Gymnastik für die Jugend", das ihm den Ruf eines „Klassikers" einbrachte. Es war das erste Lehrbuch für körperliche Erziehung, in dem Theorie und Praxis vereint wurden.

3 Outdoor Fitness – Sport im Freien – was ist charakteristisch?

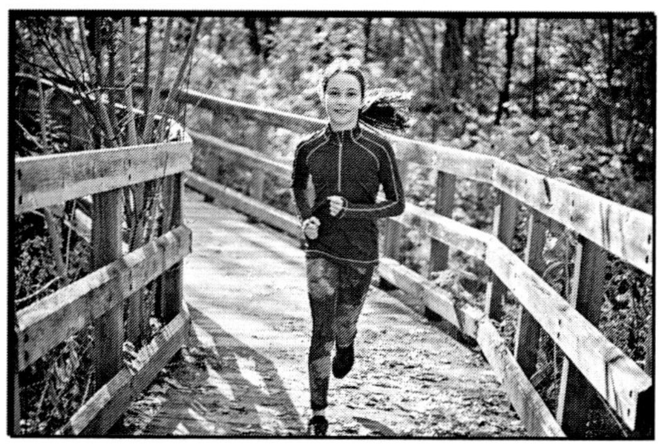

✓ Unter Outdoor-Fitness versteht man sportliche Aktivitäten, die *draußen* an frischer Luft im Freien stattfinden.

✓ Die Natur wird zur Übungsstätte, zum Sportplatz oder Fitnessstudio.

✓ Für das Üben und Trainieren *draußen* braucht man keine Geräte, denn es ist ja schon alles da, was die Natur oder das Gelände hergeben.

✓ Genutzt wird dabei, was man in der Natur vorfindet. Natürliche Gegebenheiten genauso wie vom Menschen angelegte Veränderungen.

✓ Statt der gewohnten „genormten Geräte" in der Sporthalle werden Übungen an und mit Bäumen/Baumreihen, Treppenstufen, Geländern, kleinen Gräben, Steinkanten, Bänken etc. ausgeführt.

✓ Sport *draußen* findet auf holprigen Wegen, an Steigungen und abfallendem Gelände, auf unterschiedlichen Untergründen und bei wechselnden Wettereinflüssen statt.

- Eine Baumreihe lädt zum Slalomlauf ein;
- an der Parkbank die Trittgeschwindigkeit üben;
- an einem Baumstamm macht man Liegestütze;
- über Kantensteine kann balanciert werden.

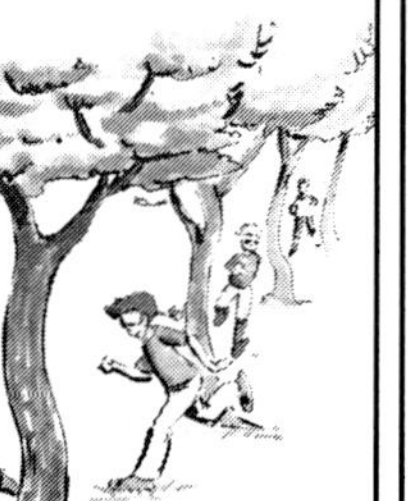

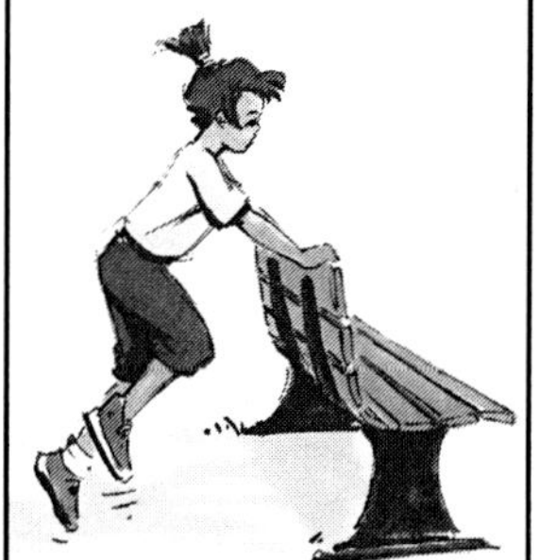

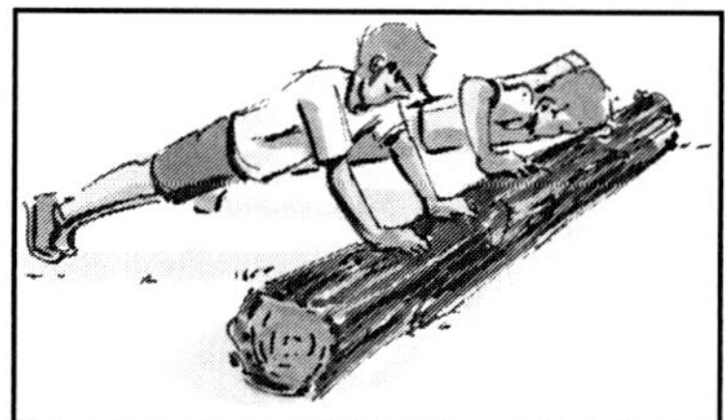

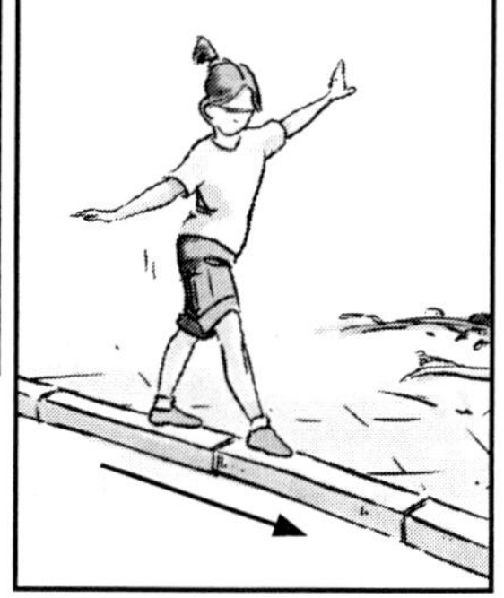

Man spricht in diesem Zusammenhang auch von den sog.

„<u>Situativen Lern- und Übungsbedingungen</u>"

und meint damit die Beschaffenheit und Ausgestaltung eines in der Nähe eingegrenzten/überschaubaren Gebietes. Das kann u.a. der Schulhof mit Umfeld, der Sportplatz selbst, das Umfeld des Sportplatzes, ein Parkgelände, ein überschaubares Waldstück, eine brachliegende Wiese etc. sein. Interessant und abwechslungsreich wird der Sport *draußen* immer dann, wenn der Sportlehrer die situativen Bedingungen erkennt und daraus Übungen ableitet. Welche Übungen sind beispielsweise an einer Parkbank oder an einer Treppe möglich?

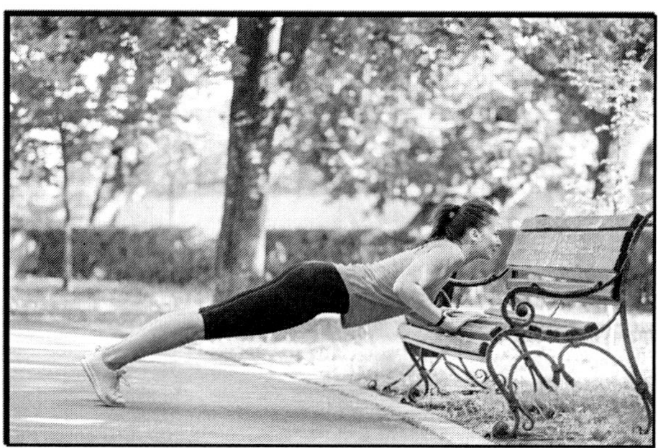

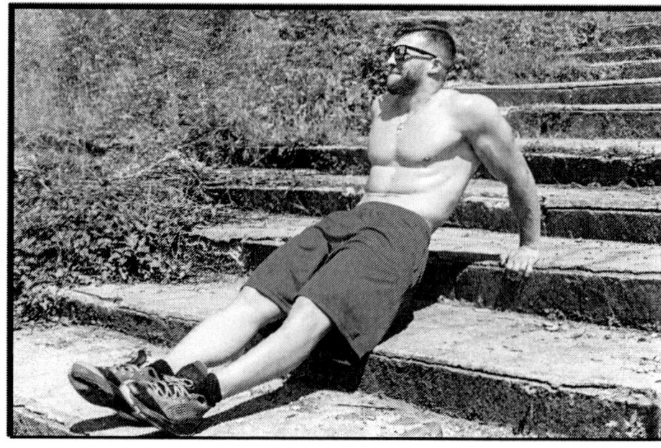

KOHL VERLAG Trendsport Outdoor Fitness
Sport im Freien – Bestell-Nr. 12 346

3 Outdoor Fitness – Sport im Freien – was ist charakteristisch?

Ein erfahrener Sportlehrer kennt sein schulisches Umfeld, seine Übungsstätte (Sportplatz) und auch die unmittelbare Umgebung sowie die sich daraus ergebenden Möglichkeiten, um eine intensive und interessante Sportstunde für seine Schülergruppe zu planen.

Natürlich ist das Übungsangebot immer von den jeweiligen Gegebenheiten abhängig. Damit sind die situativen Bedingungen gemeint, z.B. benötigt man für einige Übungen Parkbänke, Gräben, Baumreihen, Treppenstufen, Geländer, Steinkanten usw.

Das Üben und Trainieren *draußen* bietet einige Vorteile. So muss die Übungsstätte weder vorbereitet, noch müssen spezielle Geräte bereitgelegt werden, sondern es werden die jeweiligen Gegebenheiten für die sich daraus ergebenden Übungen genutzt, um konditionelle und koordinative Fähigkeiten zu schulen und zu verbessern.

Grundsätzlich werden die Übungen mit dem eigenen Körpergewicht ausgeführt; entsprechend den Voraussetzungen werden diese verändert und „passend" gemacht.

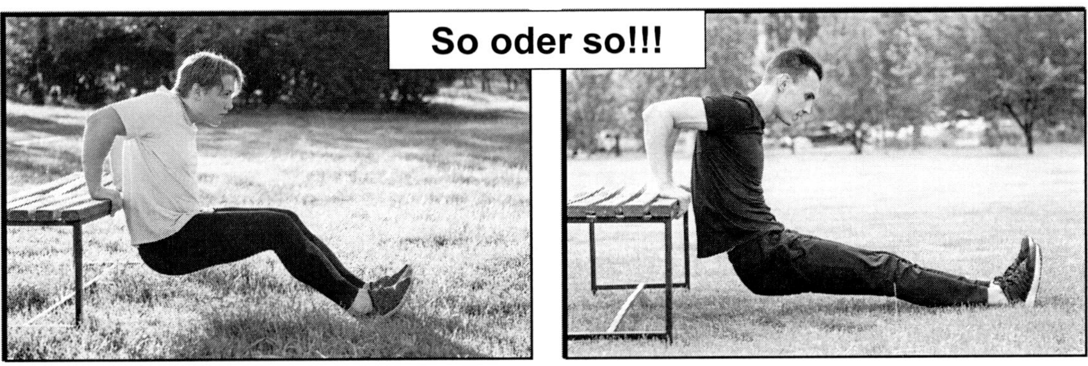

Das Outdoor Training macht Anfängern genauso viel Spaß wie Fortgeschrittenen.

Das Üben und Trainieren *draußen* lässt sich ohne Probleme abwechslungsreich und funktionell gestalten.

- Durch die mögliche Kombination von Lauf- und Krafttraining steigt der Kalorienverbrauch, die Kondition wird verbessert und die beanspruchte Muskulatur gekräftigt.
- Das Sporttreiben im Freien bietet viel Abwechslung.
- Allein schon der Wechsel von der gewohnten Umgebung (Sporthalle) ins Gelände kommt bei den Schülern gut an und wirkt sich verstärkend auf die Motivation aus.
- Wenn möglich kann das Training direkt vor der „Haustür" am Schulgelände beginnen, der Weg zum nächstgelegenen Übungsgerät, z.B. der Baumreihe oder den Parkbänken kann zum Aufwärmen genutzt werden.
- Nach 5 bis 10 Minuten langsamen Laufens ist der Körper auf „Betriebstemperatur" und es kann mit dem Outdoor Fitnesstraining begonnen werden.

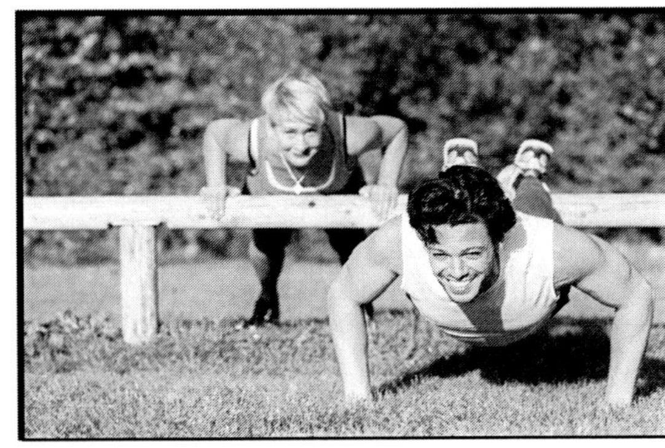

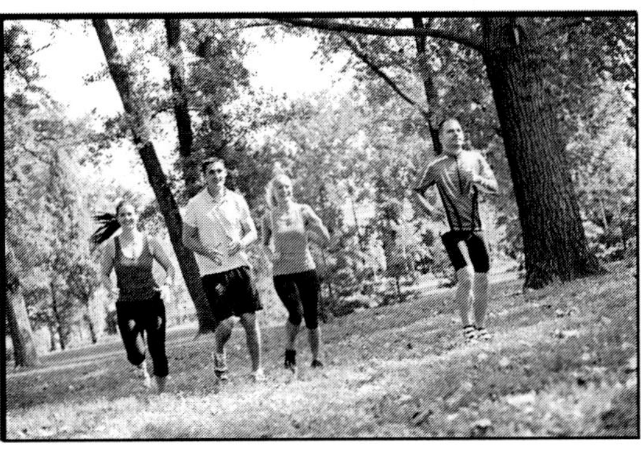

4 Outdoor Fitness – Sport im Freien – für Kinder/Jugendliche

Die Institution Schule und natürlich der Sportlehrer vor Ort müssen sich immer wieder die Frage stellen, ob der herkömmliche Sportunterricht, der sich an den traditionellen Sportarten orientiert, noch den Vorstellungen der Schüler von heute entspricht oder ob andere Inhalte und Organisationsformen mehr im Mittelpunkt stehen müssten.

Outdoor Fitness – Sport im Freien – kommt diesem weiteren Sportverständnis entgegen und orientiert sich grundsätzlich nicht an traditionellen Sportarten.

- Der Sportunterricht findet im Freien (draußen) statt.
- Es werden vielfältige Bewegungsaktivitäten außerhalb des Schulgeländes an nicht genormten Geräten angeboten und ausgeführt.
- Die Schüler erfahren den Reiz des Neuen in Form des „anderen Sporttreibens".
- Die Bedeutung des Faches Sport zur Förderung der Gesundheit wird durch den „Sport im Freien" besonders angesprochen und bewusst gemacht.
- Bei einer Sportstunde im Freien – in der Natur – muss die Übungsstätte vorher nicht hergerichtet und es müssen keine Materialien bereitgelegt werden.
- Es werden die Gegebenheiten für die geplanten Übungen genutzt, um den Kreislauf in Schwung zu bringen bzw. konditionelle und koordinative Fähigkeiten zu schulen.
- Ein erfahrener Sportlehrer kennt die Umgebung der Schule genau. Daher hat er in der Regel zahlreiche Übungsmöglichkeiten für eine interessante Sportstunde im Kopf.
- Auf der Suche nach einem geeigneten Setting wird er sich wahrscheinlich auf die unmittelbare Nähe der Schule oder des Sportplatzes beschränken, um die angestrebten Ziele in der ganz normalen Einzelstunde, evtl. auch in einer Doppelstunde zu verwirklichen.
- Natürlich ist beim Sportunterricht im Freien die Aufsichtssituation besonders wichtig, z.B. die Überschaubarkeit des Geländes, des Parkes, die Sicherheit der genutzten Geräte, Zumutbarkeit der Aufgaben etc.
- Vor dem ersten Üben/Trainieren *draußen* sichtet der verantwortungsvolle Sportlehrer/Trainer den Park, das Gelände auf evtl. Gefahrenpunkte hin, z.B. Absperrungen wie Stacheldrahtzäune, Sumpfgelände usw.

Warum sollte der Sportunterricht *draußen* stattfinden?

Sport an der frischen Luft macht nicht nur Spaß, sondern bietet auch viele Vorteile, die im Folgenden genannt werden.

- Das Üben und Trainieren im Freien stärkt das Immunsystem, macht weniger anfällig für Erkältungen/Krankheiten und verbessert allgemein das Wohlbefinden.
- Wenn die Sonne scheint, wird ausreichend Vitamin D gebildet. Vitamin D kann der Körper mithilfe der UV-B-Strahlen der Sonne herstellen. Vitamin D sorgt für feste Knochen, eine aktive Immunabwehr und eine gesteigerte Vitalität.
- Richtige Kleidung ist wichtig. Es gibt kein schlechtes Wetter, es gibt nur eine schlechte Ausrüstung (nicht angepasste Kleidung).

4 Outdoor Fitness – Sport im Freien – für Kinder/Jugendliche

Abwechslung

Vielseitigkeit

Alle Sinne

- Sport im Freien (Outdoor-Training) bietet viel Abwechslung und wird nie langweilig, weil sich das Umfeld und die Bedingungen ständig verändern. So können immer wieder neue Übungen je nach Gegebenheit ausgeführt werden (keine stereotypen Bewegungen).
- Das Üben in einer ansprechenden Landschaft lenkt von der Anstrengung ab.
- Sport *draußen* ist ein vielseitiges Training für Kondition/Koordination und bietet meistens einen Wechsel zwischen Ausdauer- und Krafttraining.
- Im Gelände erfolgt ein natürliches Intervalltraining, es geht manchmal bergauf, dann wieder abwärts etc. – mal mit mehr, mal mit weniger Belastung.
- *Draußen* muss man sich ständig mit natürlichen Hindernissen wie Unebenheiten, Pfützen, weichem und festem Untergrund, kleinen Steigungen etc. auseinandersetzen; d.h. man kräftigt die Muskulatur, wird ausdauernder und beweglicher.
- Beim Üben auf unebenem Boden trainiert man seine Muskulatur vielseitiger. Es wird das genutzt, was die Natur bzw. das Gelände hergeben.
- Das Gleichgewichtsgefühl wird beim Üben und Trainieren auf unterschiedlichen Bodenverhältnissen besonders geschult – man muss sich anpassen!
- Alle Sinne sind im Einsatz, weil man sich ständig wechselnden Bedingungen anpassen muss – sehen, fühlen und möglichst zweckmäßig reagieren.
- Sport und Bewegung im Freien schult das explorative Verhalten – man erkundet/untersucht und muss handeln, weil etwas Neues vor einem liegt.

Was wird benötigt? Wo beginnt man?

- Keine spezielle Ausrüstung – übliche Sportkleidung reicht aus.
- Laufschuhe und ganz normale Sportkleidung sind eigentlich alles, was man für ein abwechslungsreiches und funktionelles Outdoor-Workout[3] braucht. Evtl. eine Trinkflasche und ein Handtuch; bei kaltem Wetter Mütze und Handschuhe.
- Starten sollte man, wenn möglich, von der Haustür oder von einem Parkplatz aus, der in der Nähe des Parks bzw. des ausgesuchten Geländes liegt.
- Der Sportlehrer startet mit seiner Klasse möglichst vom Schulgelände (Schulhof) oder vom Sportplatz.
- Häufig liegt ein kleines Waldstück (Stadtwald oder Park) in der Nähe; es kann von der üblichen Sportstätte (Sporthalle auf dem Schulgelände) aus schnell erreicht werden. Sollte das Gelände (das Waldstück) zu weit entfernt sein, kann man sich evtl. dort treffen oder gemeinsam in der Pause dorthin begeben.

[3] Der Begriff **Workout** beschreibt ein körperlich intensives Training mit ausgewählten Übungen, das die körperliche Leistungsfähigkeit verbessern soll.

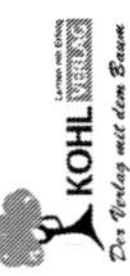

Outdoor Fitness – Sport im Freien – für Kinder/Jugendliche

Erstes Beispiel: Sport im Freien – Vorschlag – Start auf dem Schulhof

Dieser Vorschlag orientiert sich am schulischen Umfeld des Autors, auch viele Schüler kennen das Gelände. Es sind also nur Anregungen und müssen deshalb immer den jeweiligen Voraussetzungen vor Ort angepasst werden.

Ausgangspunkt ist eine normale Einzelsportstunde von 45 min. Wenn man die Zeit für das Umkleiden abzieht, verbleibt im günstigen Fall eine Übungszeit von ca. 35 - 40 min. Dementsprechend müssen auch die Streckenlänge insgesamt und die Übungsstationen ausgewählt werden.

Übungszeit

Es ist immer von großem Vorteil, wenn sich die Schüler nach dem Umkleiden vor der Turnhalle/auf dem Schulhof versammeln und von dort das „Warmlaufen" beginnen kann.

Dieses Beispiel verdeutlicht anschaulich, wie mit wenig Aufwand eine Sportstunde *draußen* durchgeführt werden kann. Der Sportlehrer berücksichtigt natürlich bei den Übungen die unterschiedlichen Voraussetzungen seiner Schüler:

Start

- Er wählt das Lauftempo so, dass alle mitlaufen können (langsam!).
- Bei den Liegestützen üben manche 15 x, andere 10 x oder nur 5 x.
- Beim Slalomlauf um die Bäume darf nicht überholt werden. Je nach Streckenlänge kann der Lauf 2 x oder 3 x ausgeführt werden.
- Leistungsstarke Schüler springen insgesamt 10 x über den Graben, andere nur 5 x. Auch die Aufgabenstellung kann verändert werden: z.B. Schlusssprung über den Graben.

Praxis

Start vom Schulhof: langsamer Lauf zum Wanderweg

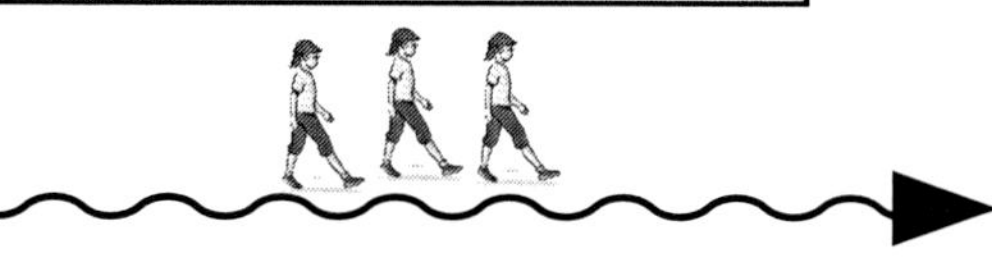

Auf einem befestigten Wanderweg mit Parkbänken: Liegestütz vorlings und rücklings je nach Leistungsvermögen

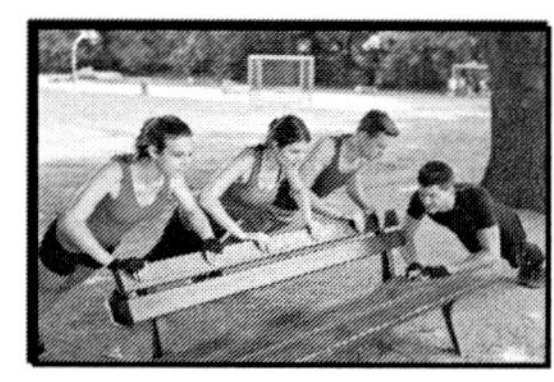

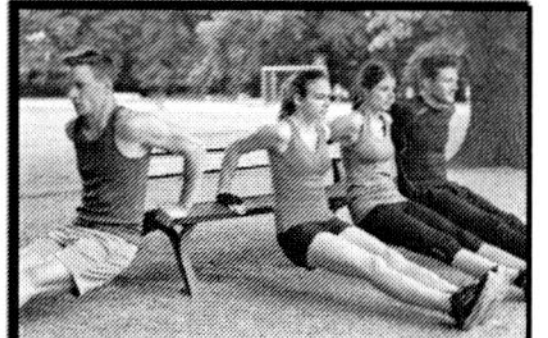

Langsames Weiterlaufen zu einer Baumreihe: dort Slalomlauf – anschließend Sprünge zu über Kopfhöhe befindlichen Zweigen

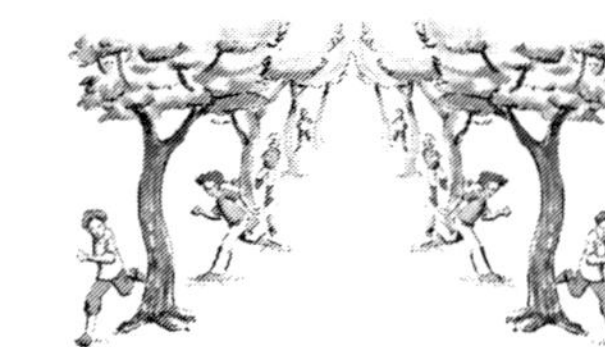

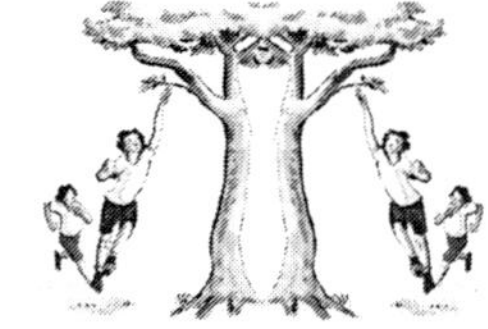

Gemeinsames schnelles Gehen zu einem naheliegenden Graben: dort beliebiger Sprung über den Graben – hin und her

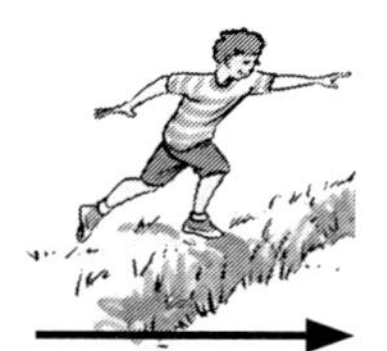

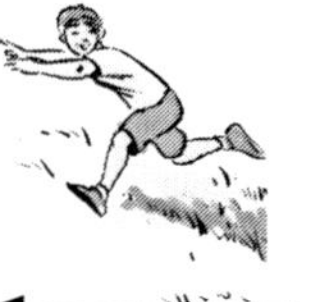

Gemeinsam langsam zum Ausgangspunkt Schulhof zurücklaufen

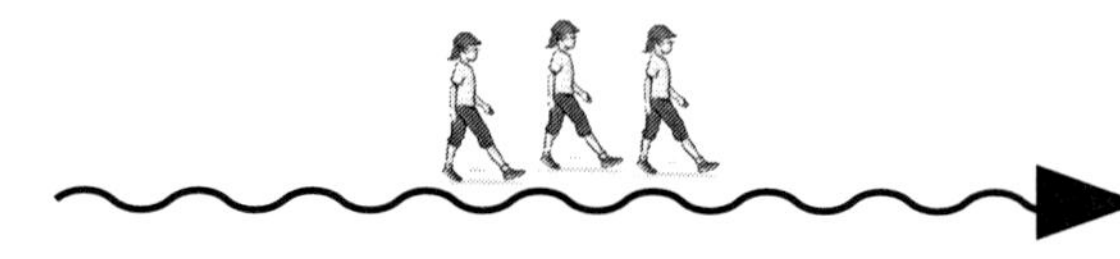

5 Ziele von „Sport im Freien"

Die wichtigsten Ziele des „Sport im Freien" lassen sich kurz und knapp wie folgt benennen:

- **Die Fitness und körperliche Leistungsfähigkeit erhalten bzw. verbessern:**
  - Wer *draußen* übt und trainiert, verbessert seine Fitness ganz allgemein, damit ist das komplexe Verbessern von Koordination, Kraft und Ausdauer gemeint.
  - Im Gelände, im Park, in der freien Natur gleicht kein Boden, kein Untergrund, kein Graben, kein Baum etc. dem anderen – es entsteht eine völlig neue Koordination-Kraft-Ausdauer-Belastung.

Fitness

- **Die Gesundheit stabilisieren und fördern:**
  - Sport *draußen* kräftigt nicht nur die Muskulatur und verbessert die Koordination, sondern stärkt insgesamt auch die Abwehrkräfte.
  - Das Immunsystem wird auf einer ganz anderen Ebene beansprucht, als es in der Sporthalle/im Fitnesscenter möglich wäre.
  - Das Blut wird in der frischen Luft schneller mit Sauerstoff versorgt, man kommt schneller in "Schwung" und ist leistungsfähiger.

Gesundheit

- **Das Wohlbefinden und die psycho-physische Belastbarkeit verbessern:**
  - *Draußen* zu üben und zu trainieren macht einfach mehr Spaß, weil es abwechslungsreicher und vielseitiger ist.
  - Es beruhigt die Nerven und schult alle Sinne.

Wohlbefinden

Die oben genannten Punkte gelten grundsätzlich auch für den Schulsport. Gesundheit ist allerdings für Kinder und Jugendliche kein wirksamer Antrieb zu sportlicher Aktivität.[4]

Gesundheitserzieherische Ansätze haben im Schulsport nur dann eine Chance, wenn sie die Interessen der Schülerinnen und Schüler berücksichtigen. Viele Schüler sehen heute häufig einen Sinn darin, ihre Fitness zu verbessern und sich mit ihrem eigenen Körper auseinanderzusetzen. Daran lässt sich anknüpfen – hier bietet sich „Outdoor Fitness – Sport im Freien" einfach an.

Schulsport

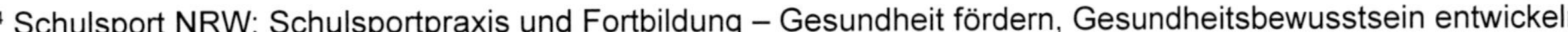

[4] Schulsport NRW: Schulsportpraxis und Fortbildung – Gesundheit fördern, Gesundheitsbewusstsein entwickeln

5 Ziele von „Sport im Freien“

Kategorien und Übungen

Die Fitness-Übungen *draußen* werden meistens in 5 Kategorien eingeteilt, die bei jedem Outdoor-Training berücksichtigt werden sollten: Übersicht mit Beispielen.

Kategorie	Beispiel-Übung	Abbildung
Druckübungen	**Liegestütz vorlings und rücklings (Dips)**	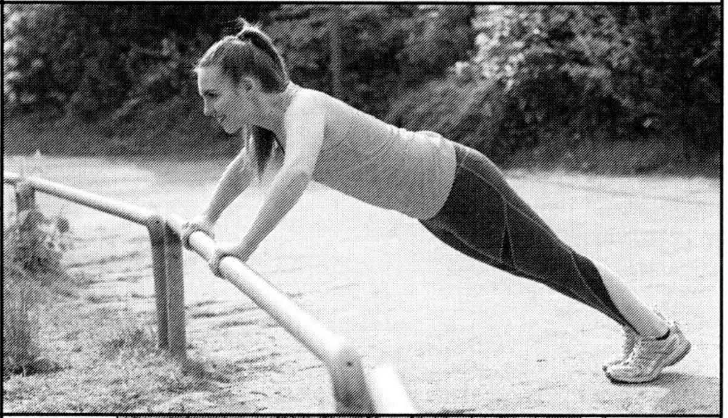
Der eigene Körper wird durch das Strecken der Arme gegen die Schwerkraft nach oben gedrückt.		
Zugübungen	**Klimmzüge**	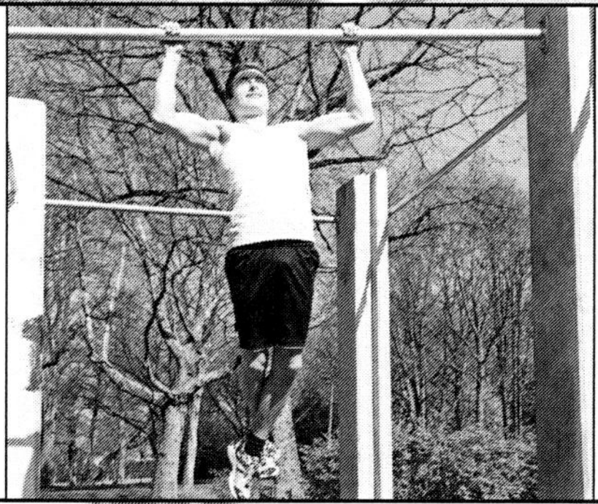
Das eigene Körpergewicht wird gegen die Schwerkraft nach oben gezogen.		
Beinübungen	**Kniebeugen und Ausfallschritte**	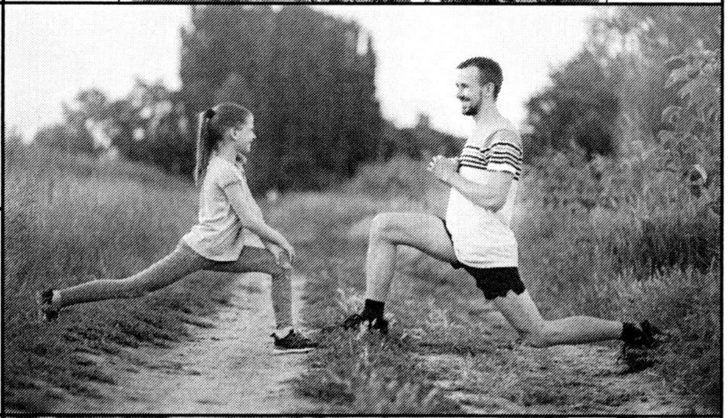
Absenken und Anheben des Körperschwerpunkts mithilfe der Beinmuskulatur.		
Stabilitätsübungen	**Unterarmstütz**	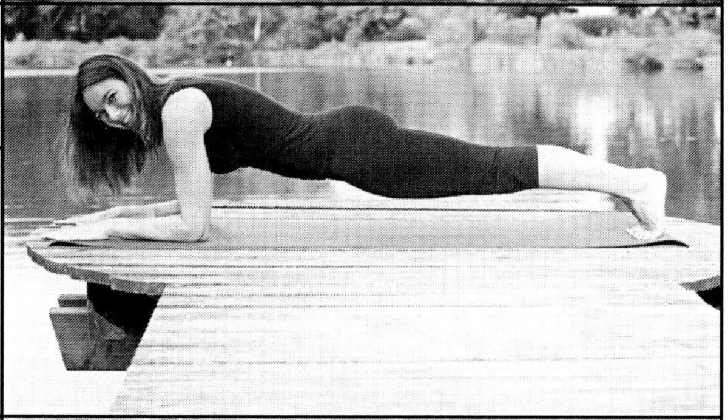
Ganzkörperspannung – der Unterarmstütz kräftigt den ganzen Körper, besonders die Bauchmuskulatur.		
Übungen zur Beanspruchung des gesamten Bewegungsapparates	**Gehen, Laufen, Hüpfen, Springen, Balancieren**	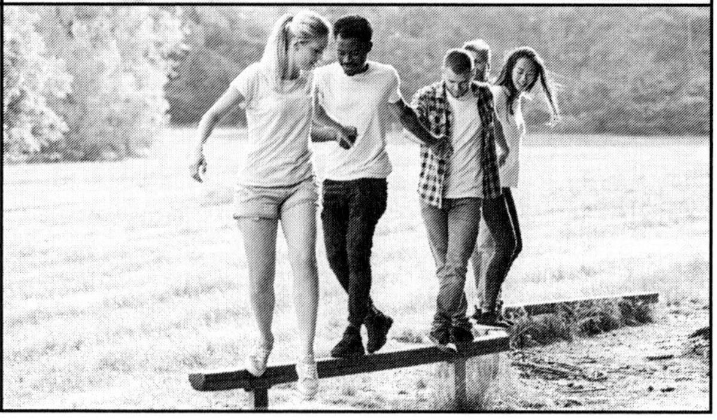
Ganzkörperübungen – komplexe Schulung konditioneller und koordinativer Fähigkeiten.		

KOHL VERLAG
Trendsport Outdoor Fitness
Sport im Freien – Bestell-Nr. 12 346

5 Ziele von „Sport im Freien“

Auswahl der Übungen und Hinweise zur Ausführung

Dieses Buch berücksichtigt die in der Literatur genannten Kategorien, geht aber in der praktischen Umsetzung weit über diese Angebote hinaus; d.h., es werden weitere – schülergerechte – leicht umsetzbare Übungen genannt.

> Damit Sport draußen interessant bleibt, werden insbesondere auch die situativen Bedingungen im schulischen Umfeld und auf dem Sportplatz berücksichtigt, wobei immer möglichst ein Hindernis oder ein Gegenstand (Geländer, Treppenstufen, Böschung, Graben, Baumstamm, Parkbänke etc.) genutzt wird.

Jedes Outdoor-Training – jede Sportstunde *draußen* – sollte folgende Übungs-Schwerpunkte beinhalten, wobei die Auswahl und Reihenfolge der Übungen immer von den jeweiligen Gegebenheiten abhängig ist.

- **5-10 Min. langsames Laufen (Joggen) zum Aufwärmen**
- **Übungen zur Kräftigung der Hauptmuskelgruppen**
  - **Liegestütz vorlings an der Parkbank** = Brust + Trizeps
  - **Kniebeugen (Squats)** = Gesäß + Oberschenkel
  - **Schlusssprünge an einer Treppe** = Oberschenkel + Waden
  - **Schrittwechselsprünge (Treppen-Jump)** = Beine + Arme
  - **Ausfallschritte (Lunges)** = Gesäß + Oberschenkel
  - **Unterarmstütz** = Körpermitte, Bauch
  - **Liegestütz rücklings (Dips) an der Parkbank** = Trizeps
  - **Klimmzüge an einer Stange/ einem stabilen Ast** = Bizeps, breiter Rückenmuskel
- **5-7 Min. langsames „Auslaufen“**

Im Folgenden werden die oben genannten Übungen zum besseren Verständnis durch Abbildungen veranschaulicht.

Diese Übungen dienen als Grundlage für die später vorgestellten Beispiele im Park, im Gelände, auf dem Sportplatz etc.

Um den unterschiedlichen Voraussetzungen der Schüler oder der Übungsgruppe gerecht zu werden, muss der Übungsleiter, Trainer oder Sportlehrer neben der Basisübung immer auch Variationen in Form einer leichteren und manchmal auch einer etwas anspruchsvolleren Aufgabe bereithalten.

Die folgenden Abbildungen und die Hinweise zur Ausführung sind dabei als Anregungen zu verstehen, machen aber deutlich, dass differenzierte Aufgabenstellungen auch *draußen* möglich sind.

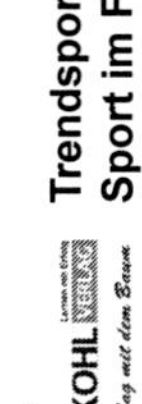

5 Ziele von „Sport im Freien“

Liegestütz

Mit den Händen schulterbreit auf der Sitzfläche (oder Lehne) der Bank abstützen, die Finger zeigen dabei nach vorne. Die Arme beugen – der Blick geht zum Boden – anschließend die Arme wieder strecken.

Tipp: Während der Übung immer die Körperspannung halten. Gesäß und Schultern bleiben auf einer Linie – kein Hohlkreuz!

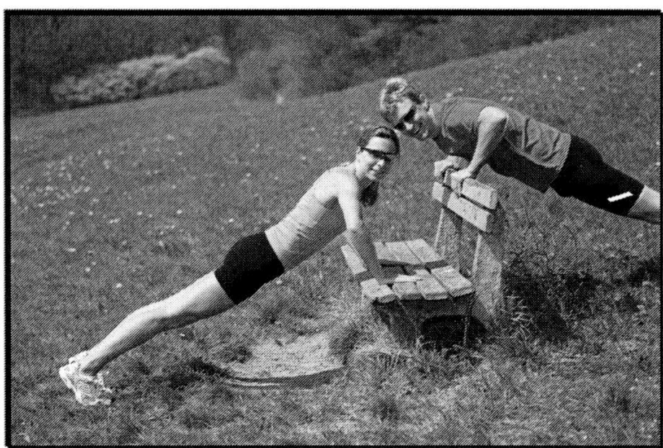

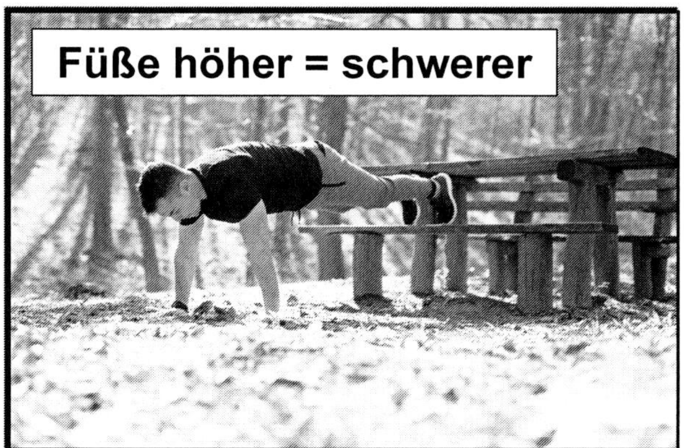

Kniebeuge (Squats)

Füße hüftbreit aufsetzen. Die Knie langsam mit geradem Rücken beugen, bis die Oberschenkel fast die Waagerechte erreicht haben. Danach wieder langsam in die Ausgangsstellung zurückkommen.

Tipp: Die Füße bleiben bei der Ausführung immer mit der ganzen Fläche auf dem Boden.

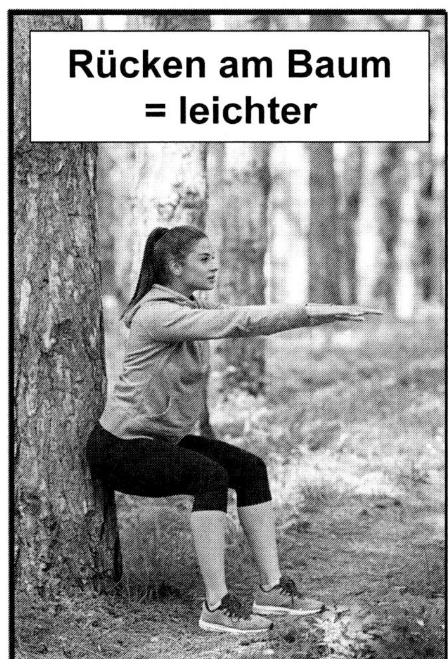

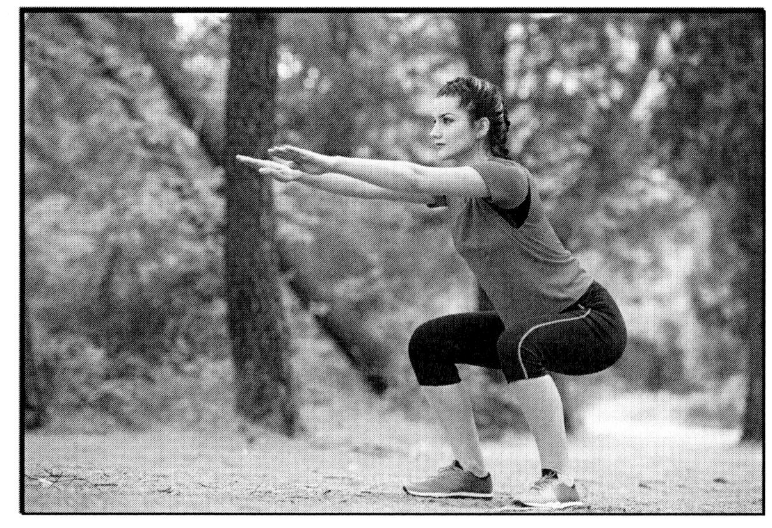

KOHL VERLAG Trendsport Outdoor Fitness
Sport im Freien ▪ Bestell-Nr. 12 346

Sprünge an einer Treppe

Leichter Grätschstand am unteren Ende der Treppe, die Füße zeigen nach vorne. Mit kräftigem Armeinsatz Schlusssprung auf die erste Stufe und sofort danach wieder Schlusssprung rückwärts nach unten.

Variante: Schlusssprünge mehrere Treppenstufen hinauf. Danach umdrehen und Schlusssprünge wieder nach unten.

Tipp: Gleichmäßig und rhythmisch springen.

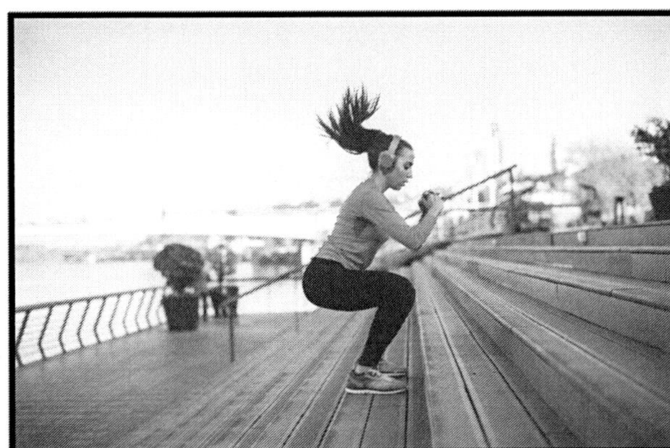

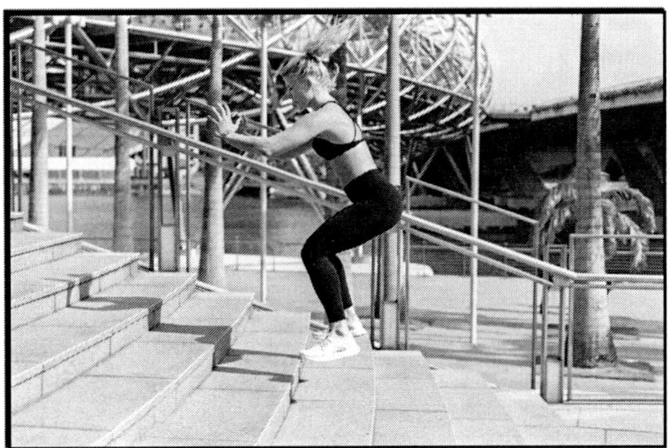

Schrittwechselsprünge (Treppen-Jump)

Den rechten Fuß auf die erste Stufe stellen und den linken Fuß auf den Boden setzen. Rhythmische Wechselsprünge an der ersten Stufe der Treppe ausführen: Abwechselnd ist dabei der eine Fuß auf der Stufe, der andere auf dem Boden.

Tipp: Die Arme unterstützen den Rhythmus der Sprungfolge.

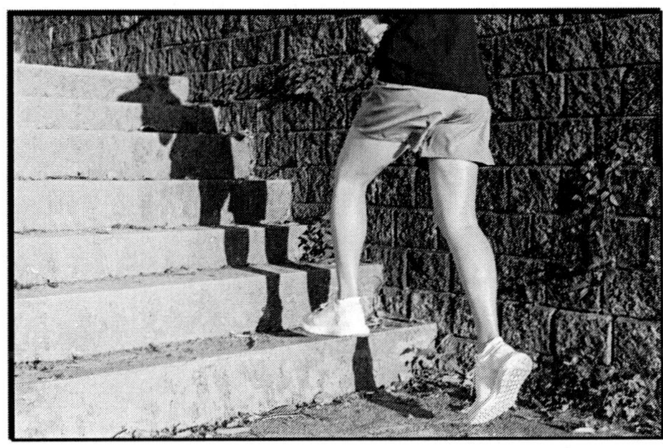

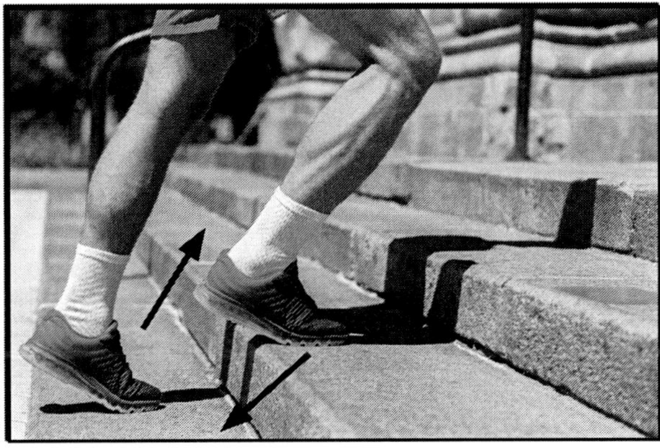

Ausfallschritte (Lunges)

Aus dem Stand einen großen Schritt nach vorn ausführen. Danach ist das vordere Bein gebeugt, das hintere Bein ist (fast) gestreckt. Der hintere Fuß ist auf die Zehenspitzen gestellt, der vordere Fuß hat vollen Kontakt mit dem Boden. Die Hände werden locker auf dem vorderen Oberschenkel abgelegt. Danach aufrichten und dabei das hintere Bein nach vorn ziehen. Mit vertauschten Beinen wiederholen.

Tipp: Den Oberkörper aufrecht und den Rücken gerade halten.

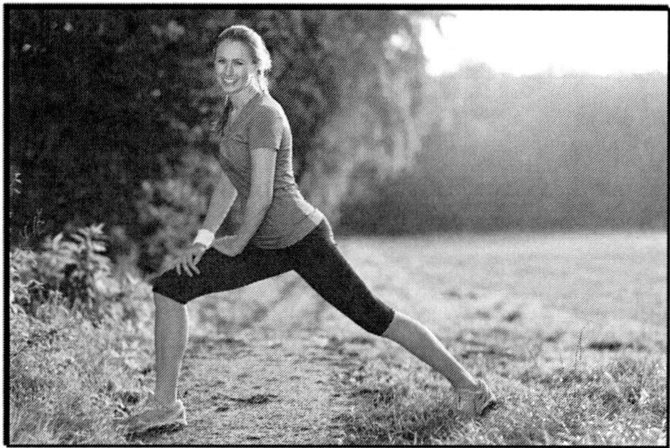

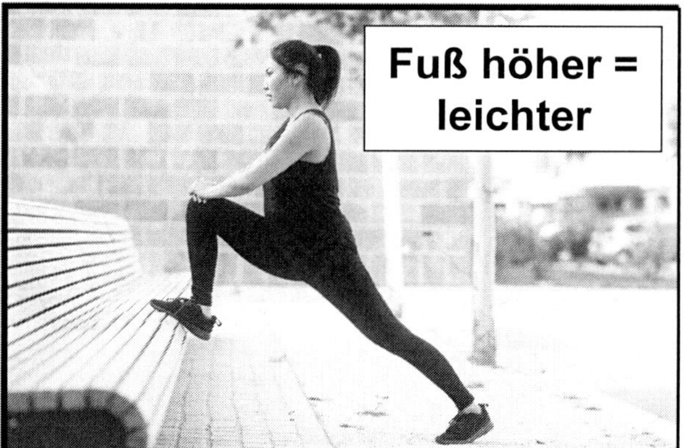

Unterarmstütz

In der Bauchlage auf die Unterarme abstützen. Die Beine sind hüftbreit geöffnet, die Füße mit den Zehen aufgesetzt. Nun den ganzen Körper vom Boden abheben, sodass er eine gerade Linie bildet. Der Blick geht zum Boden, der Kopf bleibt in der Verlängerung der Wirbelsäule.

Tipp: Während der Übung den Atem immer weiter fließen lassen.

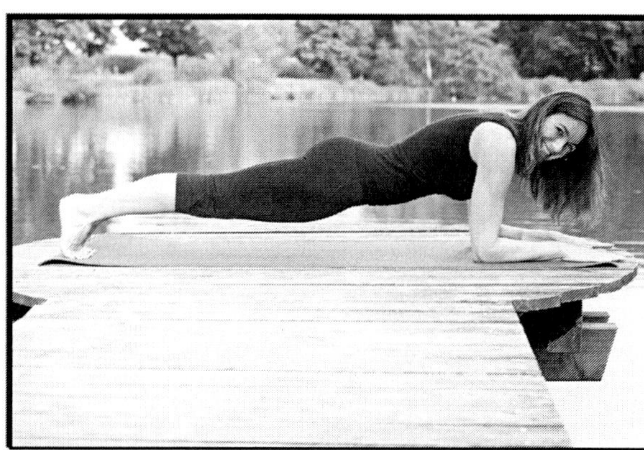

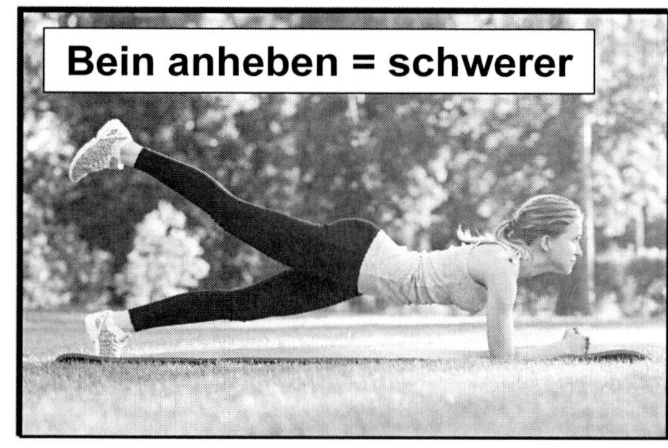

Liegestütz rücklings (Dips)

Mit den Händen hinter dem Rücken auf der Kante der Bank abstützen. Die Beine werden gestreckt nach vorn gebracht und mit den Fersen aufgesetzt. Die Ellenbogen beugen und den Oberkörper absenken, bis die Oberarme fast parallel zum Boden zeigen. Danach die Ellenbogen strecken und sich in die Ausgangsstellung hochdrücken.

<u>**Tipp**</u>: Langsam und gleichmäßig ausführen – nicht ruckartig!

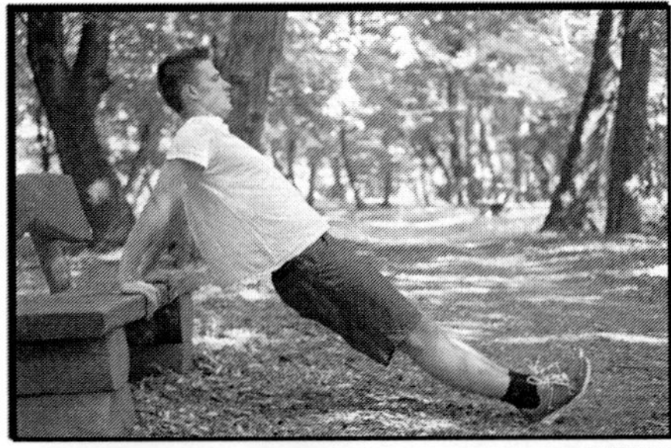

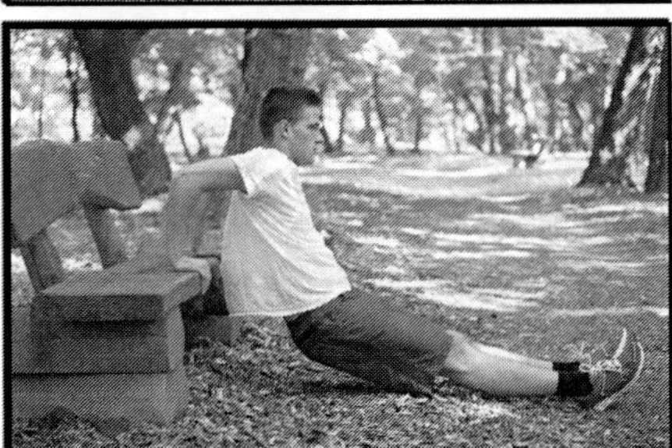

Beine gebeugt = leichter

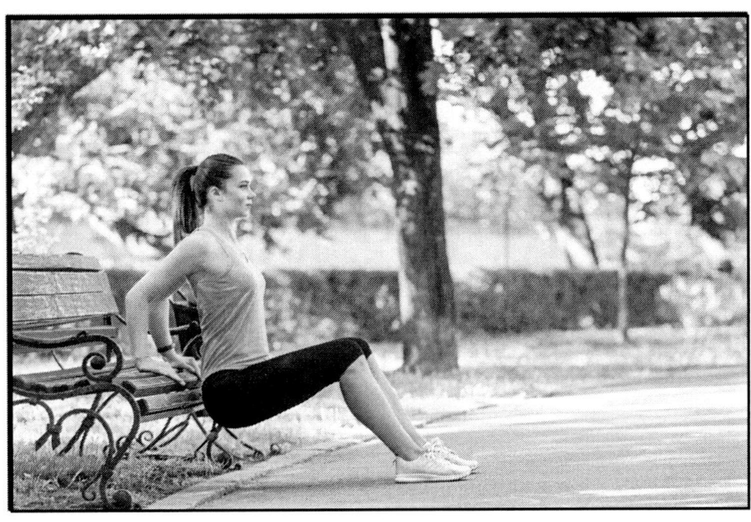

Klimmzüge

Einen stabilen Ast suchen, der im Sprung zu erreichen ist. Sprung in den Hang, sofort die Arme beugen und den Körper hochziehen, bis der Kopf den Ast erreicht. Danach die Arme wieder strecken und in die Ausgangsposition zurückkommen. Evtl. nun gleich noch einmal aus dem Hang hochziehen. Oder vorher abspringen, dann erneut mit einem Sprung den Ast erreichen und hochziehen.

<u>**Tipp**</u>: Die Übung immer gleichmäßig und nicht ruckartig ausführen und den Atem weiter fließen lassen.

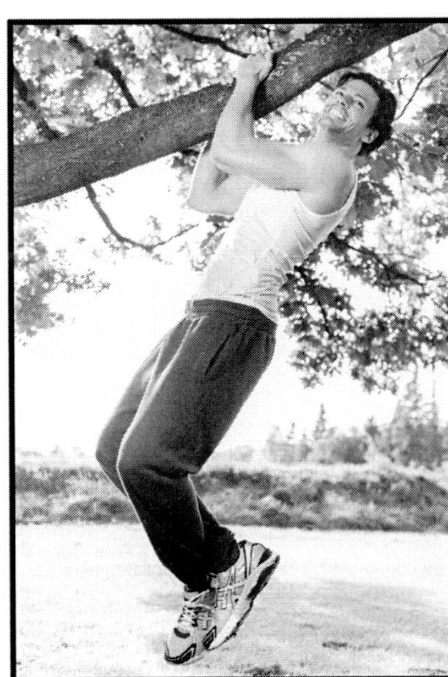

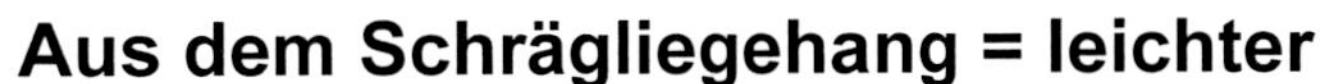

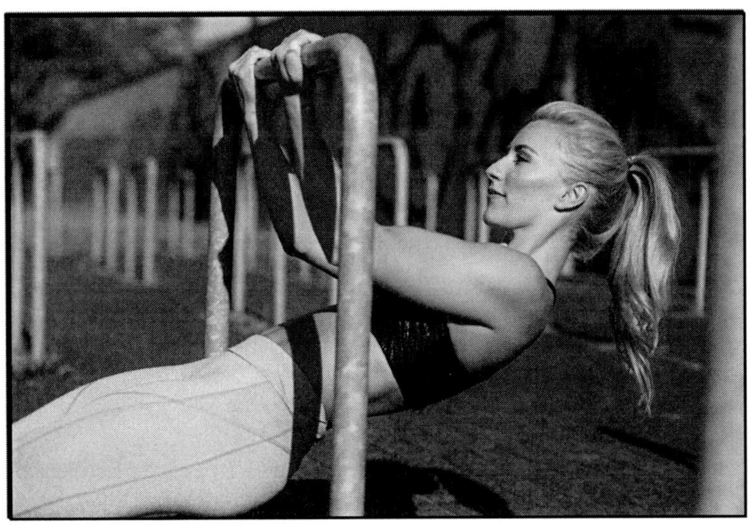

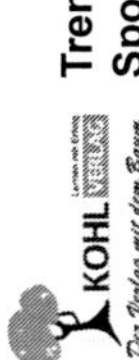
Trendsport Outdoor Fitness – Bestell-Nr. 12 346
Sport im Freien

6 Praktische Beispiele

6.0 Hinweise zu den Beispielen

***Draußen* im Freien, auf Schulhöfen, dem schulischen Umfeld, im Park, auf dem Sportplatz mit angrenzendem Gelände oder in der freien Natur ergeben sich für Kinder und Jugendliche ganz andere Übungs- und Trainingsmöglichkeiten als gewohnt in der Sporthalle.**

Damit die Sportstunde *draußen* bei den Jungen und Mädchen auch wirklich gut ankommt, müssen einige Vorüberlegungen angestellt werden.

Grundsätzlich ist es immer sinnvoll, wenn der Sportlehrer, Übungsleiter oder Trainer den Ort/die Übungsstätte für Sport *draußen* kennt. Wenn nicht, muss er sich vorher informieren – die Übungsstrecke einfach mal ansehen, mal gedanklich durchgehen. Nur so kann man zielgenau planen und organisieren.

Wenn man eine Sportstunde und/oder eine Übungseinheit *draußen* plant, müssen (sollten) folgende Punkte u.a. unbedingt beachtet werden.

- Wo findet der Sport draußen statt, d.h. welche natürlichen (situativen) Gegebenheiten findet man vor und welche Übungen sind dort möglich?

Die folgenden vier Abbildungen veranschaulichen die Übungsorte des Sports im Freien. Evtl. können auch zwei Übungsstätten miteinander kombiniert werden.

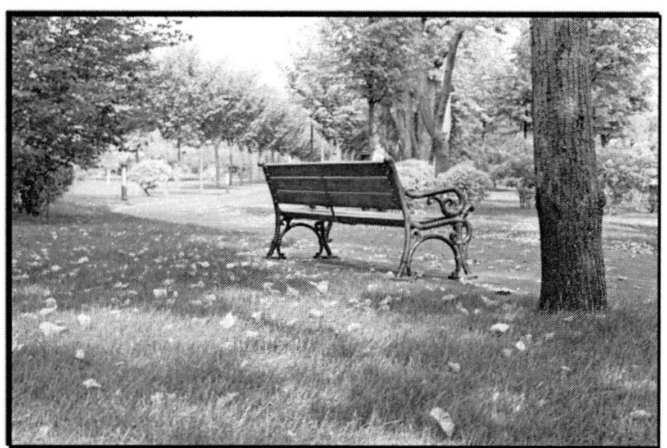

Park mit befestigten Wegen, Bäumen und Parkbänken

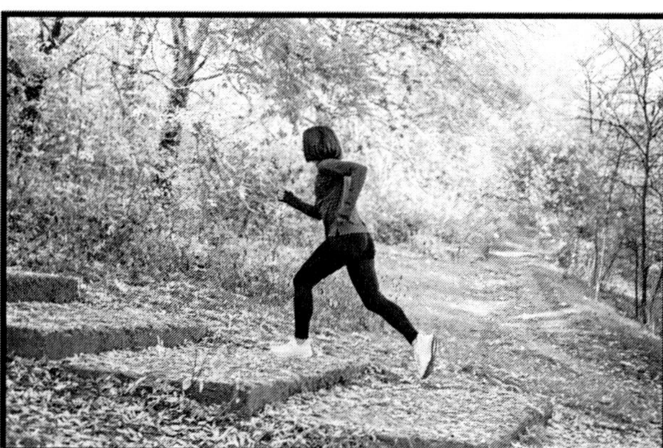

Gelände mit naturnahen Wegen, Böschungen und Treppen

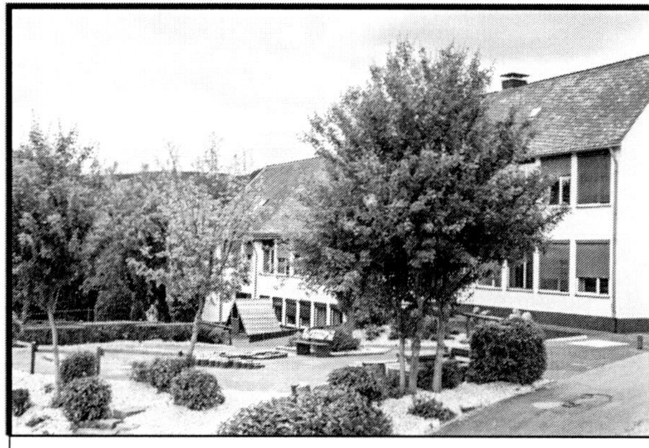

Schulhof und nahes Umfeld

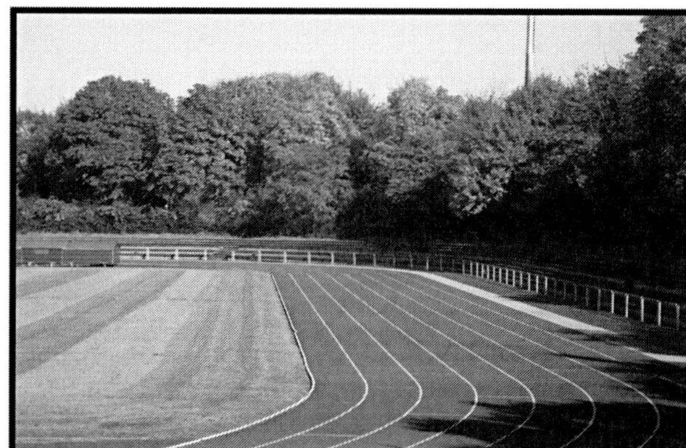

Sportplatz mit Rasenplatz, Bahn, Geländer und Stadionstufen

- **Hat die Klasse oder Übungsgruppe schon einmal Sport *draußen* erlebt oder ist es das erste Mal?**

6 Praktische Beispiele

6.0 Hinweise zu den Beispielen

- **Weist die Klasse oder Gruppe große Leistungsunterschiede auf** oder ist sie eher homogen? Diese Überlegung ist wichtig, weil evtl. differenzierte Aufgabenstellungen bei den Übungen eingeplant werden müssen, z.B. Liegestütze an der Banklehne bzw. auf der Sitzfläche; oder Kniebeugen frei bzw. mit dem Rücken an einem Baum etc.

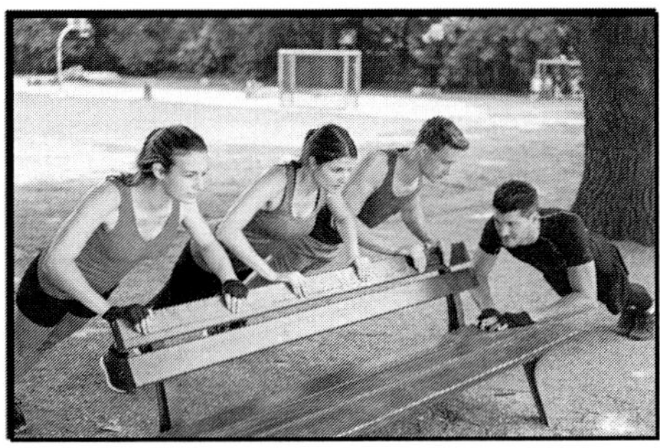
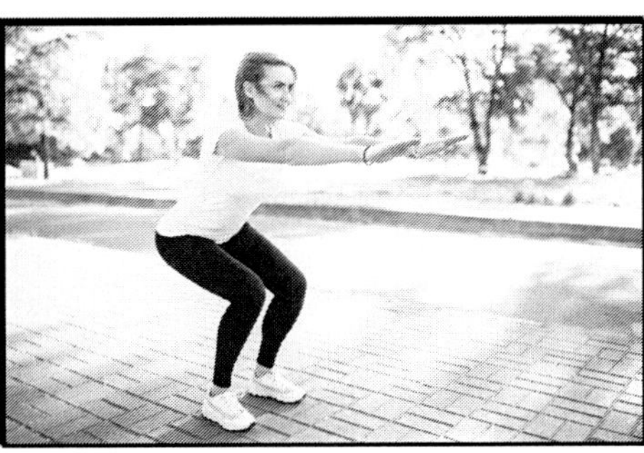
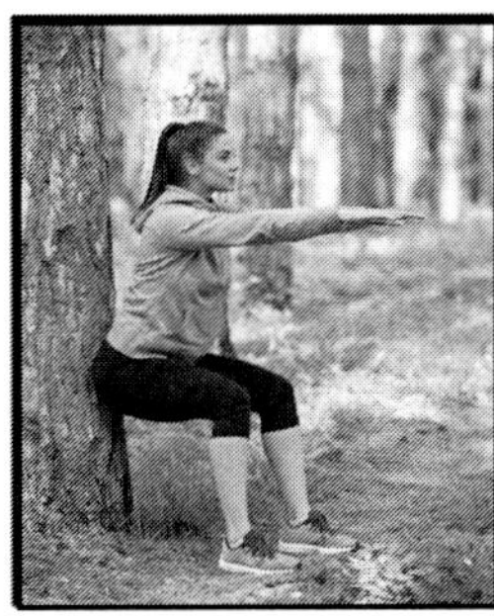

- **Gibt es ausreichende Möglichkeiten der Differenzierung – z. B.**
  - durch die Gegebenheiten (situative Bedingungen): Grabenbreite, Asthöhe, Bankhöhe, Anzahl der Treppenstufen usw.
  - durch die Veränderung (Variation) der Übung selbst: Liegestütz mit höherer (bequemerer) Handstützposition an der Banklehne.
  - durch die Anzahl der Wiederholungen.

- **Wieviel Zeit steht insgesamt zur Verfügung?** 45 Min. = Einzelstunde oder 90 Min. = Doppelstunde oder eine beliebige andere Übungszeit?

  Entsprechend wird die Länge der Übungsstrecke organisiert, aber auch die Anzahl der Übungen und die Wiederholungen an der jeweiligen Station.

- **Sind ausreichend Übungsmöglichkeiten** in Form von Parkbänken, Baumreihen, Gräben, Fußwegkanten, Treppenstufen etc. auf dem Gelände vorhanden, um die Hauptmuskelgruppen (siehe Kapitel 5.2) anzusprechen?

- **Manchmal sind auch bei einer Gegebenheit/einem Gegenstand** mehrere Übungen nacheinander möglich. Nutzen Sie diese Möglichkeit.

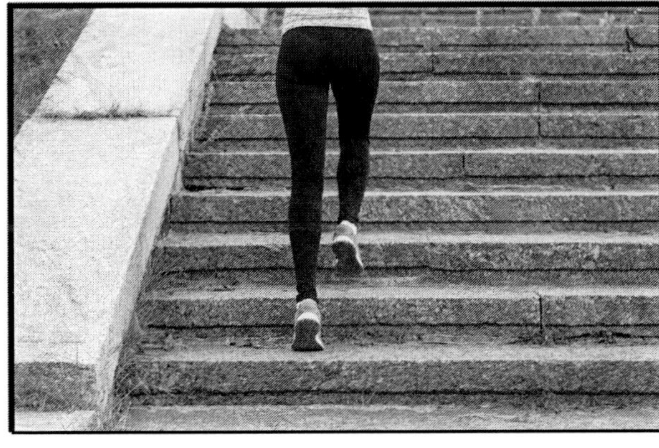
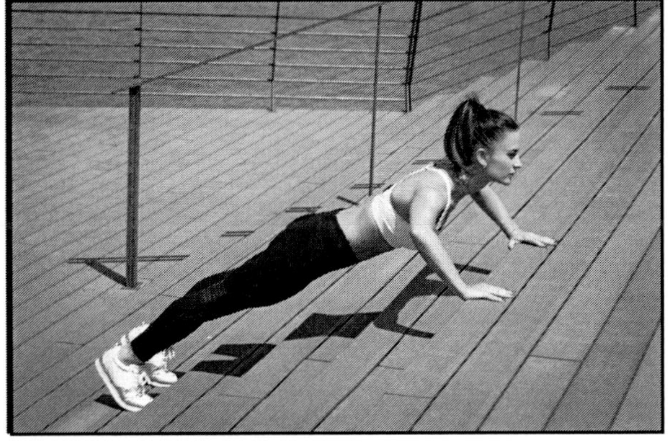

- **Gibt es Gefahrenpunkte** hinsichtlich der Aufsichtspflicht, ist z.B. das ausgewählte Gelände gut zu überblicken (abgegrenzt)?

- **Wie stark wird der Park, das Gelände von anderen Personen frequentiert?**

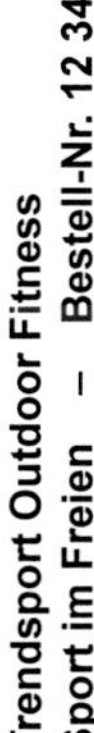

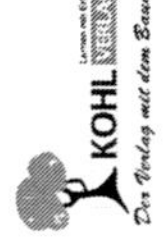

6 Praktische Beispiele

6.0 Hinweise zu den Beispielen

- **Wie kommt die Klasse oder Gruppe dort hin?**

- **Kann der Start mit Joggen** (langsames Laufen oder schnelles Gehen) vom Schulhof erfolgen oder muss das ausgewählte Gelände (der Park, der Sportplatz, das freie Gelände) erst aufgesucht oder als Treffpunkt vereinbart werden?

Wichtige Hinweise:

– Die Auswahl und Anzahl der Übungen für den jeweiligen Parcours orientieren sich immer an den örtlichen Gegebenheiten.

– Anzustreben ist immer ein Wechsel der Belastung, d.h. nach dem Warmlaufen werden **die Hauptmuskelgruppen im Wechsel** mit den Übungen (siehe Kapitel 5.2) angesprochen, z.B. langsamer Lauf zum Park – Liegestütze an einer Begrenzung – Weitergehen/Weiterlaufen – Sprünge über einen Graben – Weitergehen/Weiterlaufen – Balancieren über einen Balken – Weitergehen/Weiterlaufen – Kniebeugen - Weitergehen/Weiterlaufen – Klimmzüge an einem Ast – Weitergehen/Weiterlaufen – Ausfallschritt – langsames Laufen zum Ausgangspunkt.

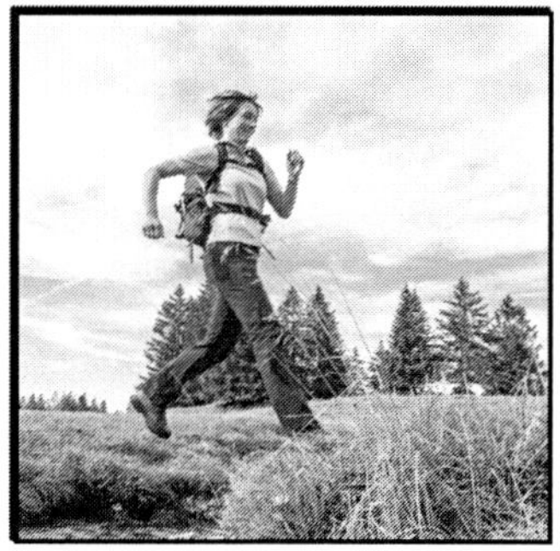

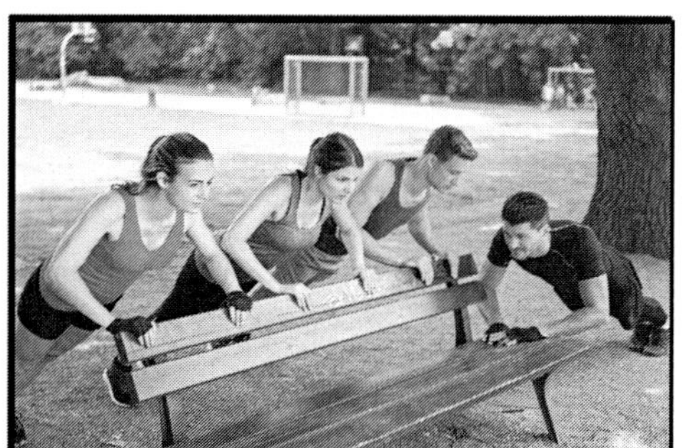

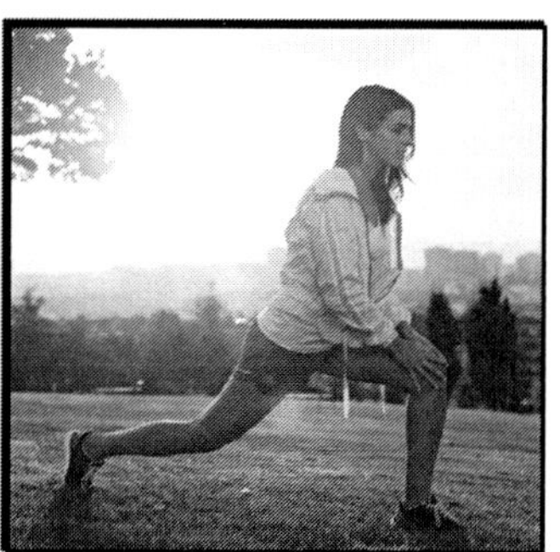

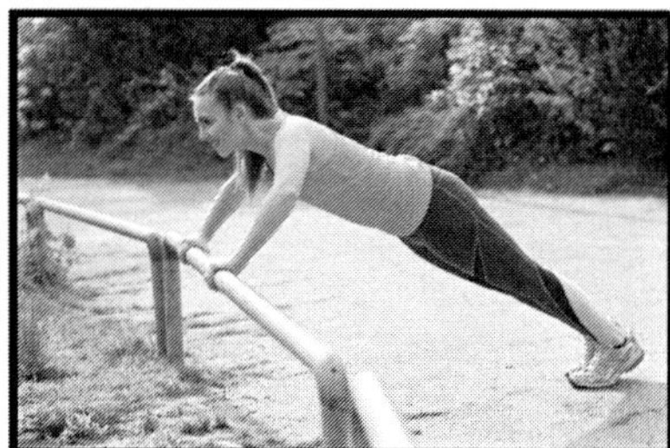

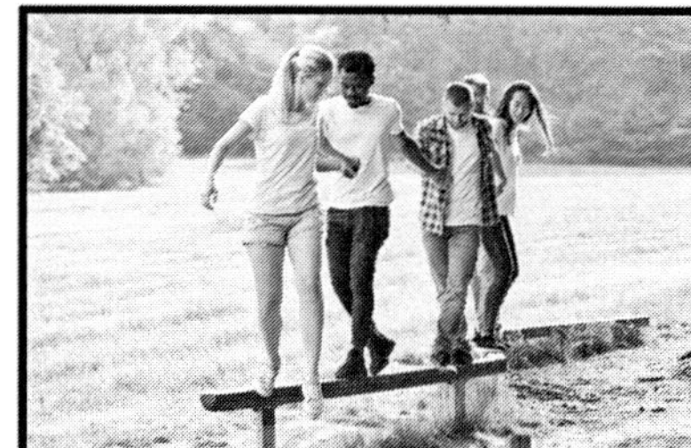

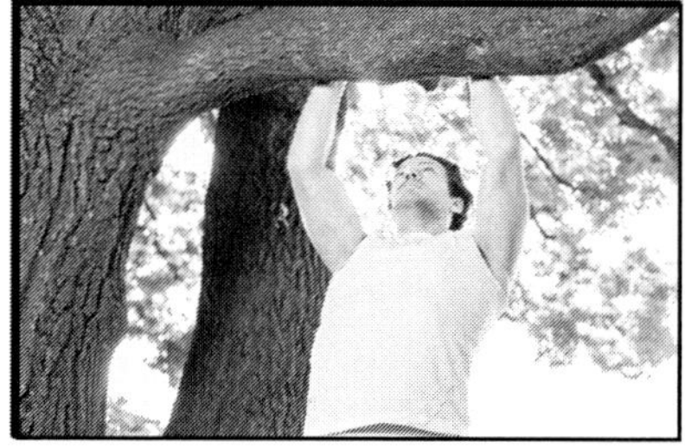

Die hier vorgestellten Beispiele beruhen auf den eigenen praktischen Erfahrungen und den Gegebenheiten vor Ort.

Der Sportlehrer muss diese als Anregungen dienenden Beispiele abhängig von seiner Klasse/Gruppe und der vor Ort situativen Bedingungen modifizieren, d.h., die Strecke eventuell verkürzen/verlängern oder die Abfolge der Übungen anpassen und evtl. auch manche Übungen weglassen oder hinzufügen.

Alle Beispiele berücksichtigen die unter Kapitel 5.2 genannten Übungsschwerpunkte und bieten dazu geeignete Übungen an.

6 Praktische Beispiele

6.0 Hinweise zu den Beispielen

Damit der Sportlehrer, Übungsleiter und Trainer sich auf einen Blick informieren kann, werden im „Kopf" jedes Beispiels die wichtigsten Punkte genannt. Auch diese Angaben sind nur Anregungen und müssen entsprechend der Situation vor Ort vom Sportlehrer, Übungsleiter oder Trainer modifiziert werden.

Die genannte Abfolge der Übungen beruht auf eigenen Erfahrungen und den vorgefundenen natürlichen Gegebenheiten.

Evtl. muss die Abfolge verändert werden, weil der Sportlehrer vor Ort andere Bedingungen vorfindet – die Übungsschwerpunkte sollten aber möglichst beibehalten werden.

Ort/Übungsstätte	Park, Gelände, Waldstück, Schulhof + Umfeld, Sportplatz + Umfeld, Grünflächen, brachliegendes Gelände etc., Kombination der oben genannten Gegebenheiten
Zur Verfügung stehende Zeit	45 Min./90 Min. oder eine andere beliebige Zeitangabe – flexibel handhaben!
Übungsauswahl/-angebot	Siehe Kapitel 2 und weitere schülergerechte Variationen
Natürliche Gegebenheiten/ „situative Bedingungen"	Bäume, Baumstämme, Baumreihen, Gräben, Treppenstufen, Fußwegkanten, Parkbänke, Geländer, unterschiedliche Böden, Treppenstufen, Böschungen etc.
Ausgangspunkt/Treffpunkt	Schulhof – Sportplatz – Park – Waldstück – Gelände

Wenn noch Zeit ist …

Sport *draußen* ist nicht immer minutengenau planbar, deshalb wird manchmal eine zusätzliche Übung angeboten, die auf die jeweiligen Gegebenheiten abgestimmt ist und die der Sportlehrer, Übungsleiter oder Trainer nach Bedarf zusätzlich anbieten kann.

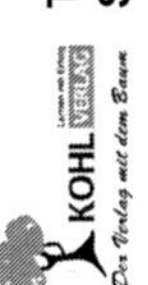

6 Praktische Beispiele

6.1 Park mit Wegen, Bäumen und Bänken: 3 Übungen

Ort/Übungsstätte	Park mit befestigten Wegen, Bäumen und Parkbänken
Zur Verfügung stehende Zeit	45 Minuten
Übungsauswahl/-angebot	Lauf/schnelles Gehen – Liegestütze vorlings – Kniebeugen – Liegestütze rücklings – Lauf/schnelles Gehen
Natürliche Gegebenheiten/ „situative Bedingungen“	Bäume, Parkbänke, befestigte Wege und evtl. Grünflächen
Ausgangspunkt/Treffpunkt	Schulhof – von hier aus ist der naheliegende Park schnell zu erreichen.

Langsamer Lauf (Joggen) zum Park – ca. 5 Minuten. Der Sportlehrer läuft vorn und gibt das Tempo an. Oder er beauftragt einen geeigneten Schüler damit und läuft selbst am Ende, hat die bessere Übersicht und kann die am Ende Laufenden ermuntern.

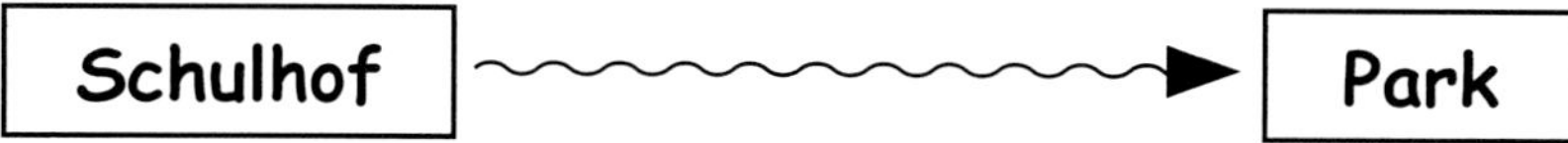

Schnelles Gehen zu den Parkbänken – meistens stehen 2-3 Parkbänke mit Abständen am Wegesrand.

1. Liegestütze vorlings an den Parkbänken

Die Übenden verteilen sich an den Bänken.

Ausführung: Mit den Händen schulterbreit auf der Sitzfläche (oder Lehne) der Bank abstützen, die Finger zeigen dabei nach vorne. Die Arme beugen mit Blick nach unten. Anschließend die Arme wieder strecken.

Hinweise: Während der Übung immer die Körperspannung halten. Gesäß und Schultern bleiben auf einer Linie – kein Hohlkreuz!!

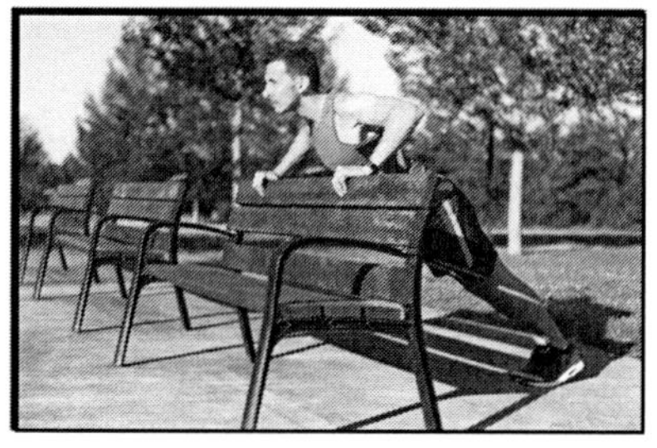

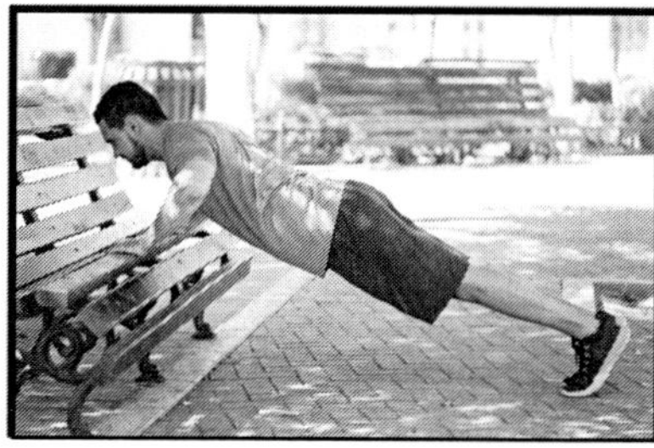

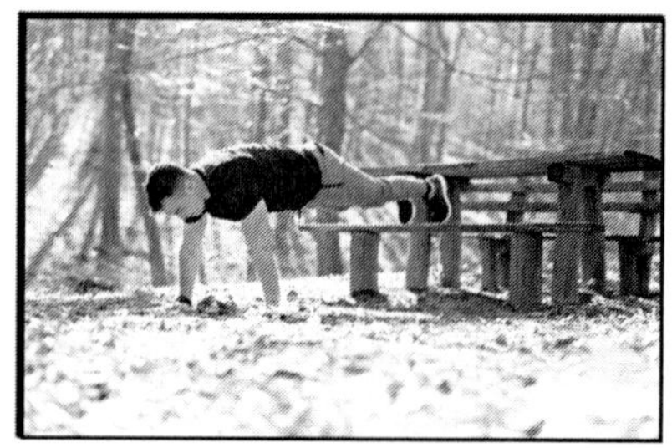

Wie oft? Je nach Leistungsvermögen sucht sich jeder Übende den entsprechenden Platz an der Bank: Stütz an der Lehne – Stütz auf der Sitzfläche oder Füße auf der Sitzfläche.

Jeder Schüler führt die Übung 5-10 x aus, nach einer kurzen Pause noch einmal.

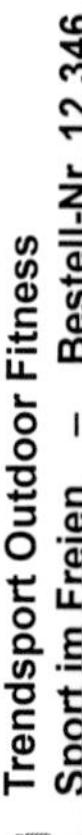

6.1 Park mit Wegen, Bäumen und Bänken: 3 Übungen

2. Kniebeuge (Squats)

Dazu bleiben die Schüler auf dem Weg, gehen evtl. auf die daneben liegende Grünfläche oder stellen sich für die einfachere Variante an einen Baum.

Ausführung: Füße hüftbreit aufsetzen und die Knie langsam mit geradem Rücken beugen, bis die Oberschenkel fast die Waagerechte erreicht haben. Einen Moment in dieser Position bleiben, danach wieder langsam in die Ausgangsstellung zurückkommen.

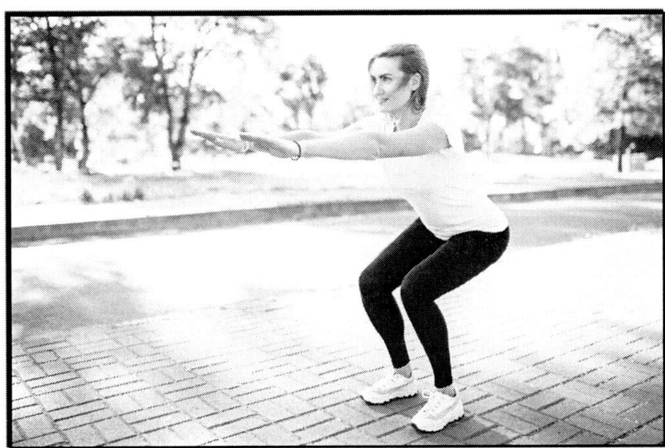

Hinweise: Die Füße bleiben bei der Ausführung immer mit der ganzen Fläche auf dem Boden. Zum Bewahren des Gleichgewichts streckt man die Arme waagerecht nach vorne. Der Blick ist geradeaus nach vorn gerichtet, der Rücken gerade.

Wie oft? Zunächst sollten alle Übenden die ganz normale Kniebeuge (siehe Abbildung rechts) ausführen. Eventuell benötigen manche Schüler eine Unterstützung – sie lehnen sich mit dem Rücken an einen Baum und führen dort die Kniebeuge aus.

Besonders leistungsstarke Schüler führen die Kniebeuge mit einer zusätzlichen Belastung aus, zum Beispiel einem kleinen Baumstamm auf den Schultern.

Jeder Schüler führt die Übung 7-10 x aus, nach einer kurzen Pause noch einmal.

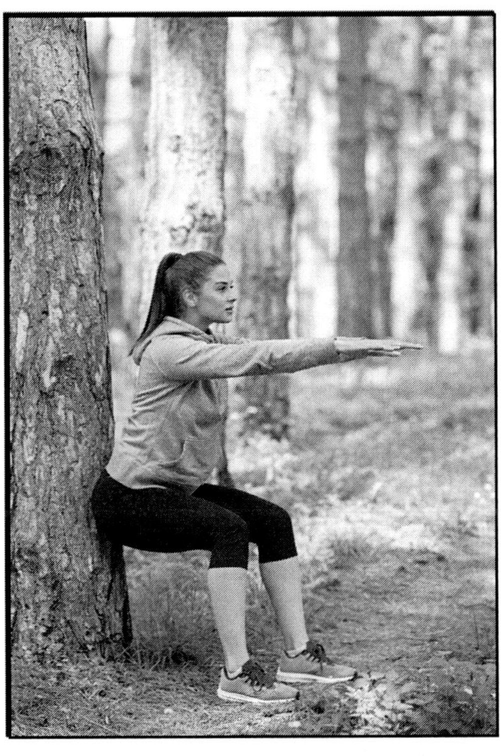

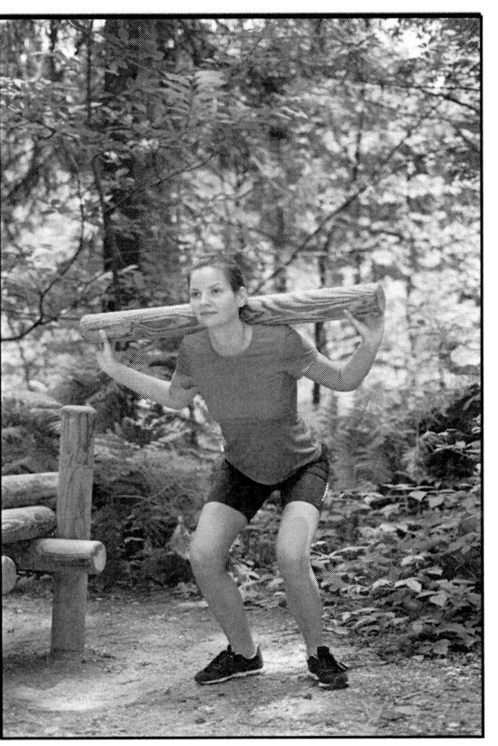

Danach geht es wieder zu den Parkbänken zurück.

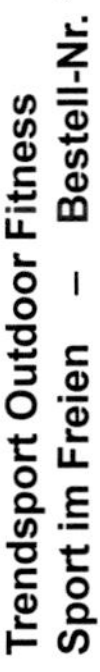

6.1 Park mit Wegen, Bäumen und Bänken: 3 Übungen

3. Liegestütze rücklings (Dips) an den Parkbänken

Die Übenden verteilen sich an den Bänken.

Ausführung: Mit den Händen hinter dem Rücken auf der Kante der Bank abstützen. Die Beine werden nach vorn gebracht und mit den Fersen aufgesetzt. Die Ellenbogen beugen und den Oberkörper absenken, bis die Oberarme fast parallel zum Boden zeigen. Dann sich durch Strecken der Ellenbogen wieder in die Ausgangsstellung hochdrücken.

Hinweise: Langsam und gleichmäßig ausführen – nicht ruckartig!
An einer Bank können gleichzeitig mehrere Schüler üben.

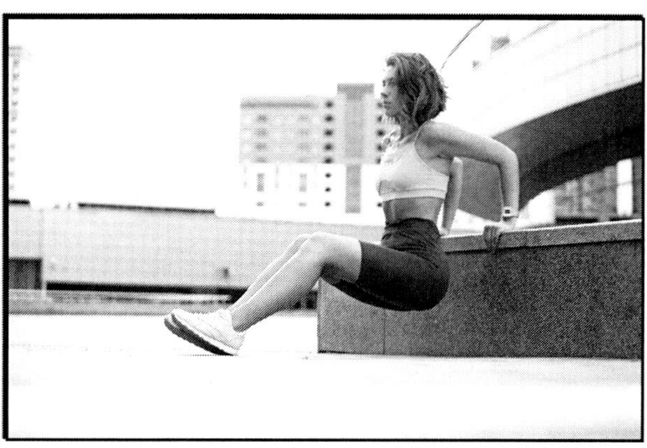

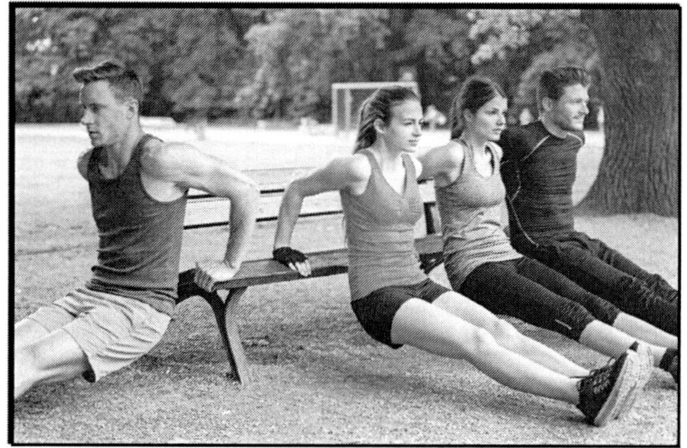

Wie oft? Je nach Leistungsvermögen sind die Beine dabei gebeugt oder gestreckt. Anfänger sollten mit gebeugten Beinen üben (siehe Abb. links). Je trainierter man ist, desto weiter vorn können die Füße aufgesetzt und die Beine gestreckt werden.

Jeder Schüler führt die Übung 7-10 x aus, nach einer kurzen Pause noch einmal.

Die Schüler gruppieren sich.

Langsamer Lauf (Joggen) zum Ausgangspunkt (Schulhof) zurück – ca. 5 Minuten.

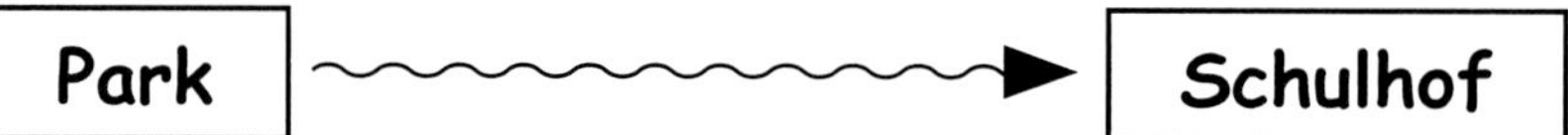

Wenn noch Zeit ist …

Sport *draußen* ist nicht immer minutengenau planbar, deshalb wird manchmal eine zusätzlich Übung angeboten, die auf die jeweiligen Gegebenheiten abgestimmt ist und die der Sportlehrer, Übungsleiter oder Trainer nach Bedarf zusätzlich anbieten kann.

Kurz anlaufen und im Sprung versuchen, einen in (über) Reichhöhe befindlichen Ast zu berühren. Dabei Blick geradeaus, der andere Arm gleicht Schwankungen aus und unterstützt das Gleichgewicht.

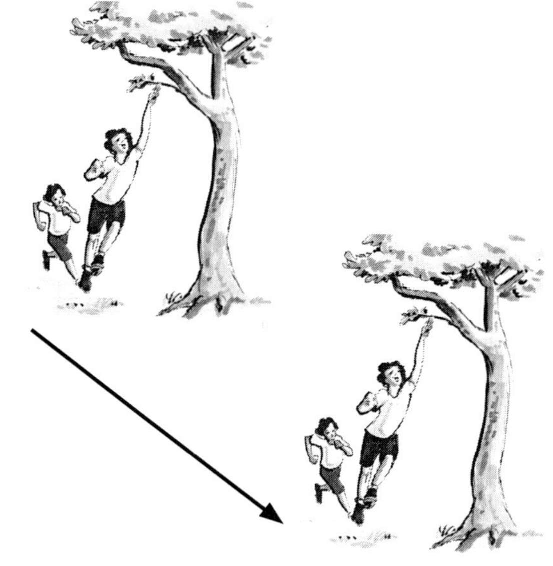

6.2 Park mit Wegen, Treppen, Bäumen und Bänken: 5 Übungen

Ort / Übungsstätte	Park mit befestigten Wegen, Gräben, Treppenstufen, Bäumen und Parkbänken
Zur Verfügung stehende Zeit	90 Minuten
Übungsauswahl/-angebot	Lauf/schnelles Gehen – Treppenlauf – Liegestütz vorlings – Grabensprung – Liegestütz rücklings (Dips) – Schlusssprünge
Natürliche Gegebenheiten/ „situative Bedingungen"	Befestigte Wege, Gräben, Treppenstufen, Bäume, Parkbänke und evtl. Grünfläche
Ausgangspunkt/Treffpunkt	Park

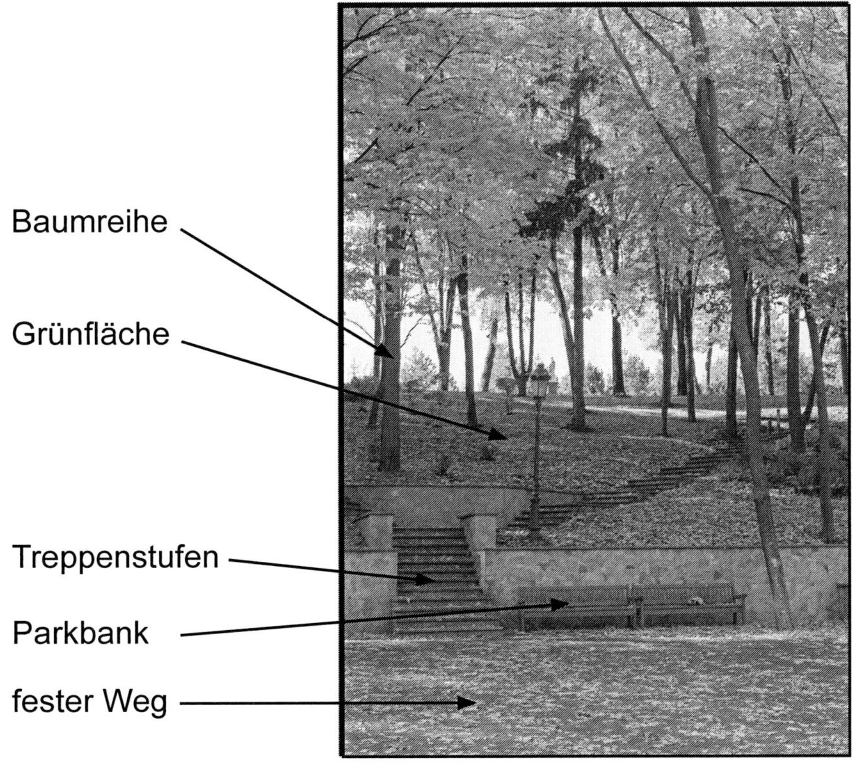

Langsamer Lauf (Joggen) in Kurven und Bögen im Park. Hierbei werden die natürlichen Gegebenheiten einbezogen, z.B. Lauf auf dem befestigten Weg, auf der Grünfläche, Slalomlauf um die Bäume und Parkbänke, Überspringen des kleinen Grabens etc.

Evtl. mehrere Runden absolvieren, insgesamt ca. 5-10 Minuten. Der Sportlehrer läuft vorn und gibt das Tempo an. Oder er beauftragt einen geeigneten Schüler damit und läuft selbst am Ende, hat die bessere Übersicht und kann die am Ende Laufenden ermuntern.

Die Laufstrecke immer den jeweiligen Bedingungen anpassen.

Schnelles Gehen zu den Treppenstufen.

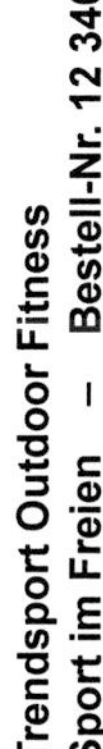

6.2 Park mit Wegen, Treppen, Bäumen und Bänken: 5 Übungen

1. Hochlaufen an der Treppe

Ausführung: Kleinschrittig die Treppe hinauf laufen, jede Stufe muss mit einem Fuß betreten werden. Wer oben angekommen ist, dreht sich um und geht auf der anderen Seite der Treppe langsam herunter.

Hinweise: Der nächste Schüler kann starten, wenn ausreichend Abstand zum ersten Schüler besteht, Überholen ist nicht gestattet.

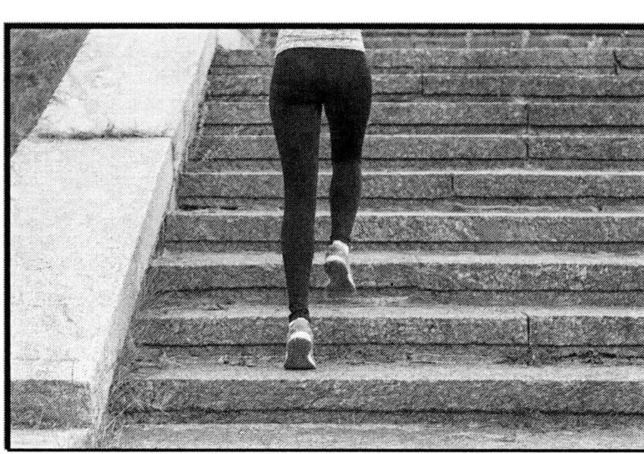

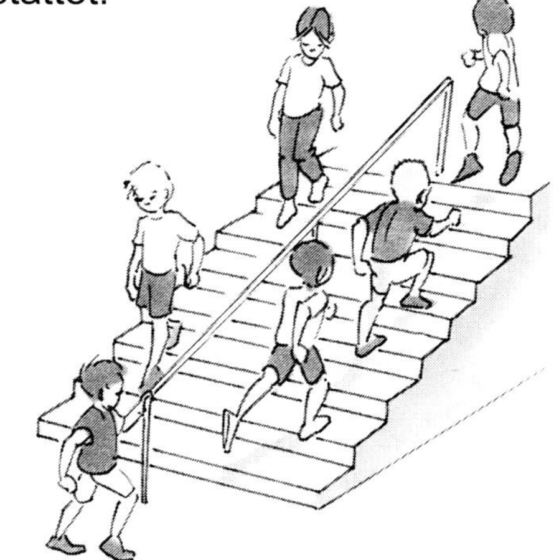

Wie oft? Wenn alle Schüler wieder unten sind, gleich nochmals hinauflaufen, insgesamt 3-4 x. Die Anzahl der Wiederholungen richtet sich immer nach der Länge der Treppe.

Variation: Leistungsstärkere Schüler betreten nur jede zweite Stufe.

2.1 Einfacher Liegestütz vorlings – Differenzierung

Ausführung: Mit den Händen schulterbreit auf der Sitzfläche der Bank oder an einer Stufe abstützen, die Finger zeigen dabei nach vorne. Die Arme beugen mit Blick nach unten. Anschließend die Arme wieder strecken.

Hinweise: Während der Übung immer die Körperspannung halten. Gesäß und Schultern bleiben auf einer Linie – kein Hohlkreuz!

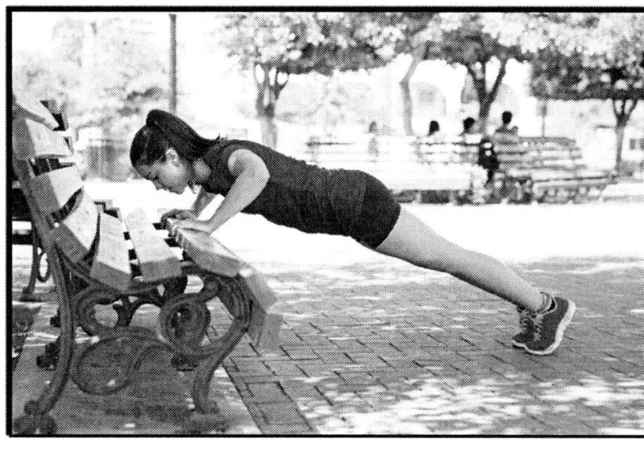

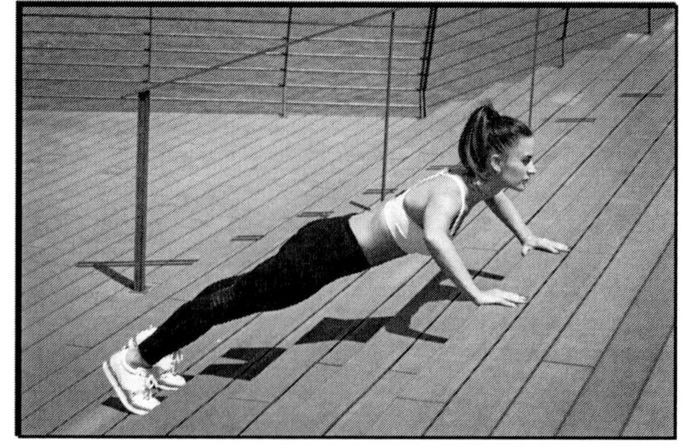

Wie oft? Je nach Leistungsvermögen sucht sich jeder Übende den entsprechenden Platz zum Stützen an der Bank (Lehne oder Sitzfläche) oder an der Treppe (mehr oder weniger Stufen Unterschied).

Jeder Schüler führt die Übung 5-10 x aus, nach einer kurzen Pause noch einmal.

6.2 Park mit Wegen, Treppen, Bäumen und Bänken: 5 Übungen

2.2 Schwieriger Liegestütz vorlings – Differenzierung

Ausführung: Die Fingerspitzen nach innen nehmen (Abb. links) und/oder die Füße auf der Sitzfläche ablegen (Abb. rechts). Eine weitere Steigerung erhält man entweder durch einen sehr engen oder einen sehr weiten Handabstand voneinander.

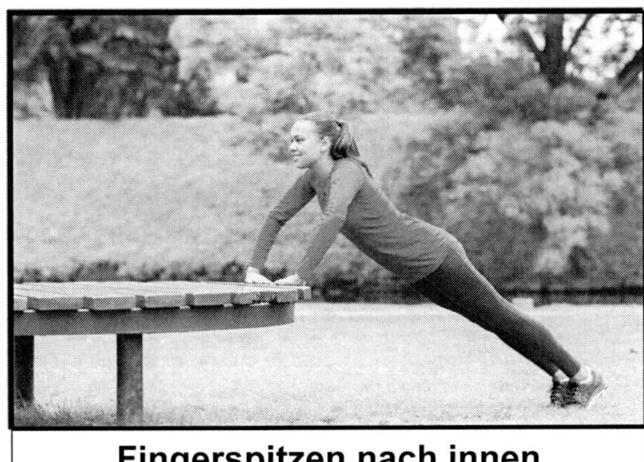

Fingerspitzen nach innen

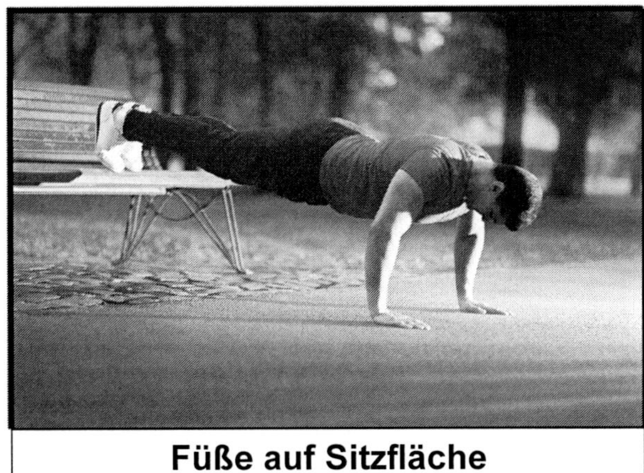

Füße auf Sitzfläche

Die Schüler gehen zum kleinen Graben, der sich zwischen dem befestigten Weg und der Grünfläche befindet.

3. Sprünge über einen kleinen Graben

Ausführung: Kurzer Anlauf, Absprung mit einem Bein und Schrittsprung über den Graben. Die Landung erfolgt auf einem Fuß oder auf beiden Füßen.

Hinweise: Auch hier ist besonders wichtig zu prüfen, ob der Boden auf der anderen Seite für eine gelungene Landung geeignet ist. Der Lehrer bzw. die betreuende Person sollte es unbedingt an verschiedenen Stellen selbst ausprobiert haben.

Die Übenden stellen sich nebeneinander auf, sodass immer mehrere Schüler springen können. Es wird hin und her gesprungen.

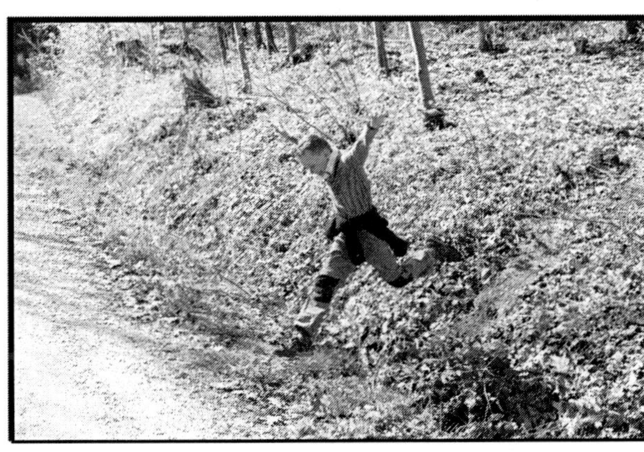

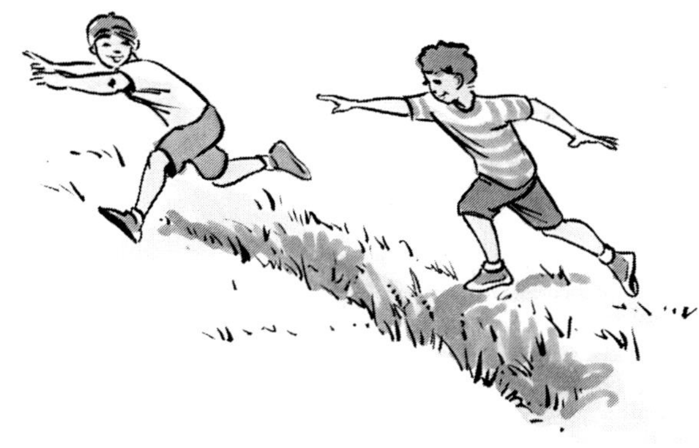

Wie oft? Je nach Leistungsvermögen sucht sich jeder Übende den entsprechenden Platz am Graben, der an manchen Stellen größere bzw. geringere Abstände aufweisen sollte.

Jeder Schüler springt 7-10 x über den Graben.

Variation: Leistungsstärkere Schüler verkürzen den Anlauf oder führen Schlusssprünge über den Graben aus (beidbeiniger Absprung und beidbeinige Landung).

KOHL VERLAG Der Verlag mit dem Baum
Trendsport Outdoor Fitness
Sport im Freien – Bestell-Nr. 12 346

6.2 Park mit Wegen, Treppen, Bäumen und Bänken: 5 Übungen

4. Liegestütz rücklings (Dips)

Die Schüler gehen zu den Bänken und/oder zu den Treppenstufen zurück.

Ausführung: Mit den Händen hinter dem Rücken auf der Kante der Bank oder an einer Treppenstufe abstützen. Die Beine werden beim Anfänger etwas gebeugt (später gestreckt) gehalten und die Füße mit den Fersen aufgesetzt. Die Ellenbogen beugen und den Oberkörper absenken. Anschließend durch Strecken der Ellenbogen wieder in die Ausgangsstellung hochdrücken.

Hinweise: Die Gesamtbewegung langsam und gleichmäßig ausführen – nicht ruckartig – der Blick geht nach vorn. Während der Übungsausführung fließend weiteratmen, die Luft nicht anhalten.

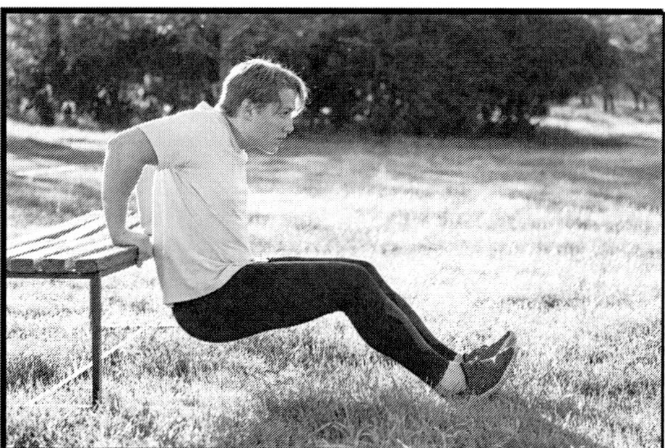

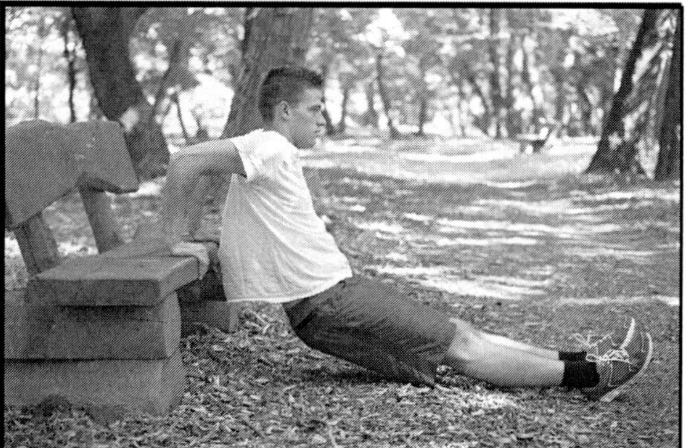

Wie oft? Je nach Leistungsvermögen führt jeder Schüler die Übung 10-15 x aus, nach einer kurzen Pause noch einmal.

Variation: Leistungsstarke Schüler üben mit einer engeren Handstellung (Abb. links unten) und erreichen so eine größere Belastung der Arme.

Auch kann durch das gleichzeitige Anheben eines Beines beim Beugen der Arme mehr Gewicht auf die Arme gebracht werden.

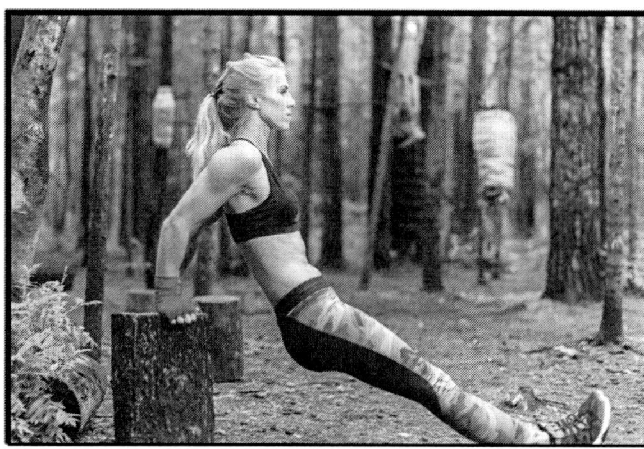

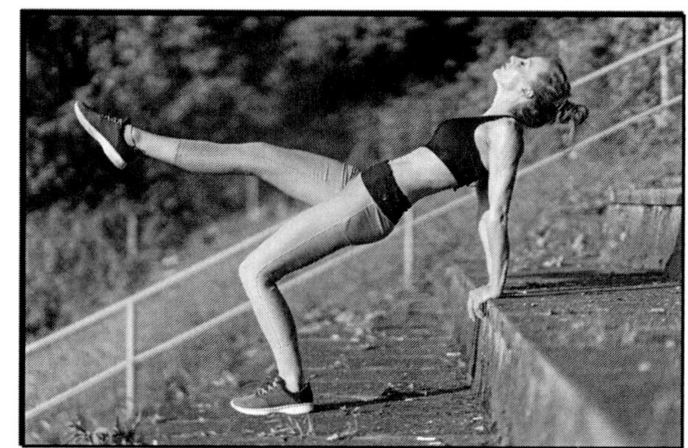

Die Schüler bleiben an den Bänken und/oder an den Treppenstufen.

6.2 Park mit Wegen, Treppen, Bäumen und Bänken: 5 Übungen

5. Schlusssprünge an Treppenstufen oder Bänken

Ausführung: Leichter Grätschstand vor einer Treppenstufe, die Füße zeigen nach vorne. Mit kräftigem Armeinsatz Schlusssprung auf die erste Stufe und sofort danach wieder zurück in die Ausgangsposition. Oder es wird immer weiter hinauf gesprungen.

Hinweise: Mit unterstützendem Armeinsatz gleichmäßig und rhythmisch springen.

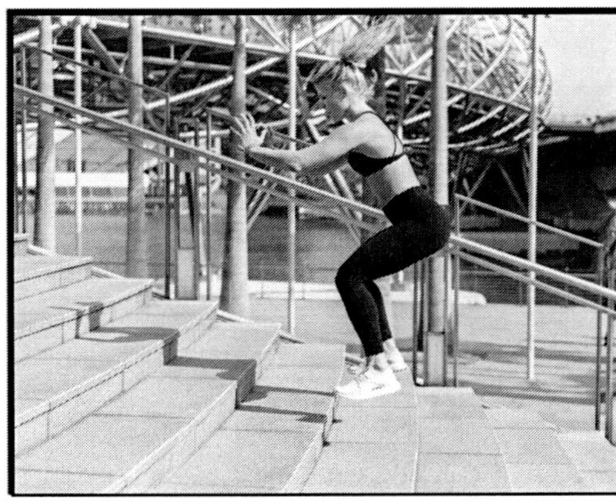

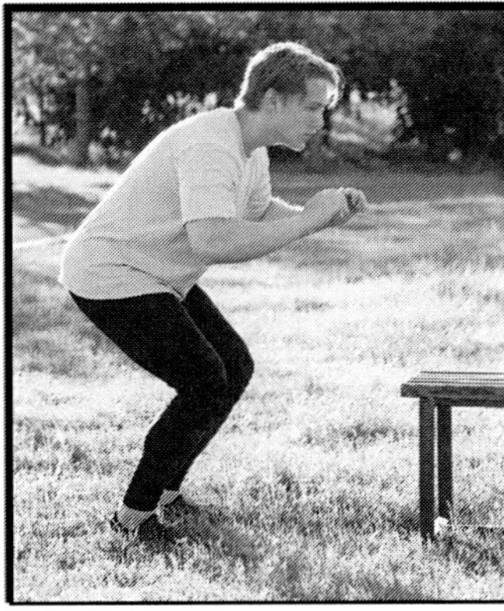

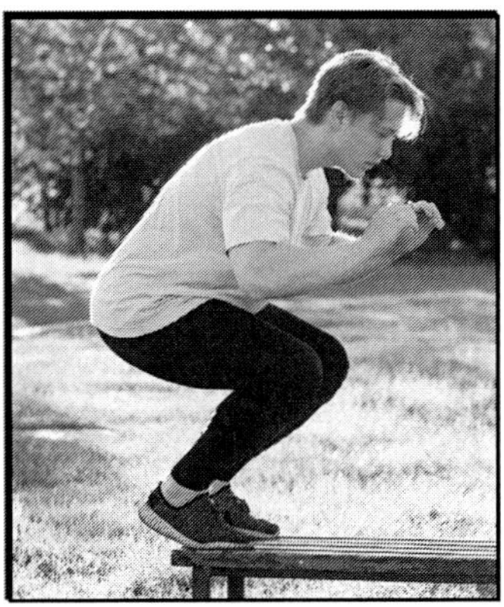

Wie oft? Je nach Leistungsvermögen führt jeder Schüler die Übung 15-20 x aus, nach einer kurzen Pause gleich noch einmal.

Variation: Leistungsstärkere Schüler springen zwei Stufen nach oben und eine zurück.

Oder sie führen einen Schusssprung auf die Sitzfläche einer Parkbank (Abb. rechts) aus und springen anschließend in die Ausgangsstellung zurück.

Wenn noch Zeit ist …

Aus dem Stand einen großen Schritt nach vorn ausführen. Danach ist das vordere Bein gebeugt, das hintere Bein ist (fast) gestreckt. Der hintere Fuß ist auf den Zehenspitzen aufgestellt, der vordere hat vollen Kontakt mit dem Boden. Die Hände werden locker auf dem vorderen Oberschenkel abgelegt.

Hinweise: Zunächst die Grundform ausführen und danach die Armhaltung verändern.

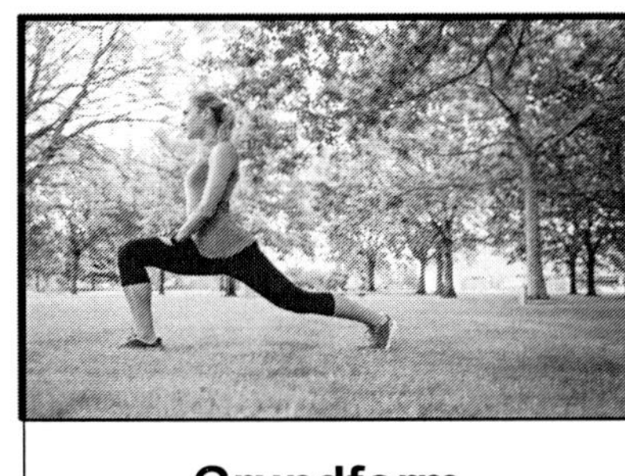

Grundform

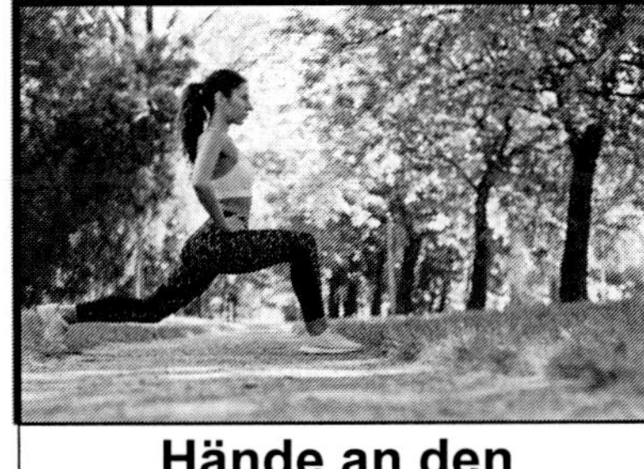

Hände an den Hüften abstützen

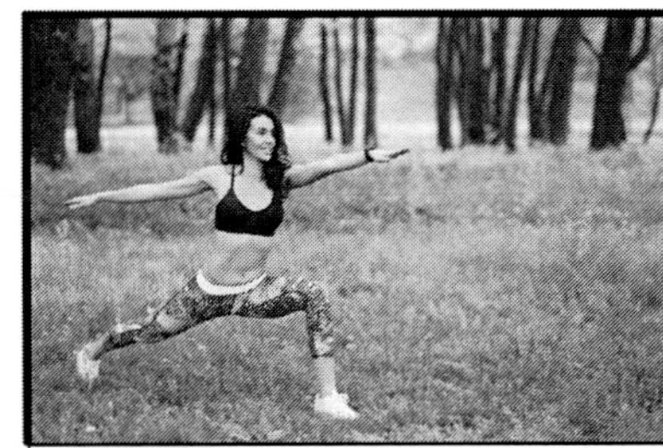

Gleichseitigen Arm nach vorn – anderen Arm nach hinten

Langsames gemeinsames Auslaufen (Joggen) unter Einbeziehung der natürlichen Gegebenheiten im Park.

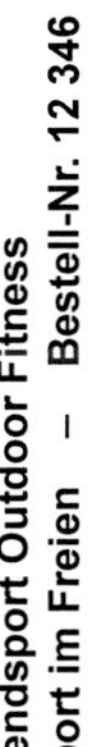

6.3 Kleines Waldstück: 6 Übungen

Ort / Übungsstätte	Kleines Waldstück (überschaubar und abgegrenzt) mit unbefestigten Wegen
Zur Verfügung stehende Zeit	90 Minuten
Übungsauswahl/-angebot	Unterarmliegestütz – Ausfallschritt – Balancieren auf Baumstamm – Sprung über Baumstamm – Liegestütz am Baumstamm
Natürliche Gegebenheiten/ „situative Bedingungen“	Bäume, Baumstämme, kleine Böschungen, Gräben, Waldwege, Wiesenflächen
Ausgangspunkt/Treffpunkt	Schule/Sporthalle oder Sportplatz

Langsamer Lauf (Joggen) zum Waldstück – ca. 5-10 Minuten. Der Sportlehrer läuft vorn und gibt das Tempo an. Oder er beauftragt einen geeigneten Schüler damit und läuft selbst am Ende, hat die bessere Übersicht und kann die am Ende Laufenden ermuntern.

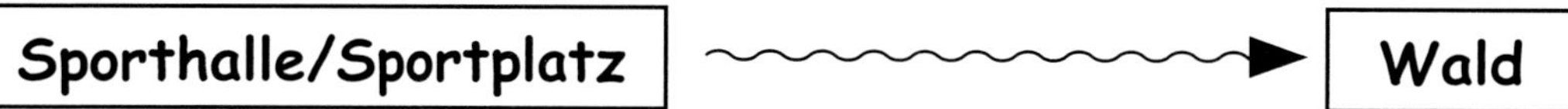

1. Schrittwechselsprünge

Die Übenden verteilen sich an beiden Seiten des Baumstammes (umgefallener oder gefällter Baum).

Ausführung: Den rechten Fuß auf den Baumstamm stellen und den linken Fuß auf den Boden setzen. Wechselsprünge am Baumstamm ausführen: Abwechselnd ist dabei der eine Fuß auf dem Stamm, der andere auf dem Boden.

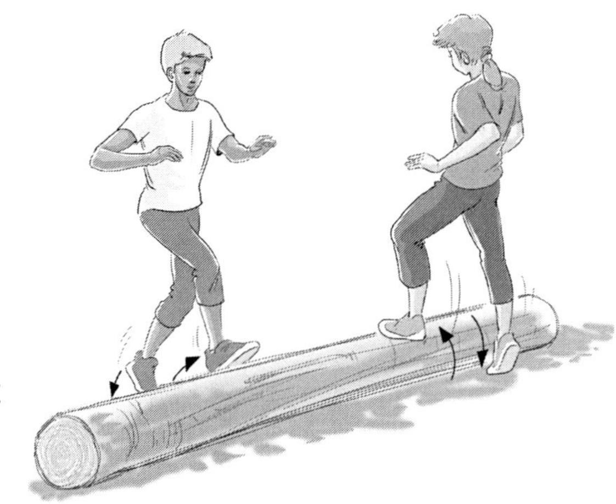

Hinweise: Möglichst gleichmäßig und rhythmisch springen.

Wie oft? Je nach Leistungsvermögen sucht sich jeder Übende den entsprechenden Platz am Baumstamm, der in der Regel an einigen Stellen höher und anderen Stellen wieder etwas niedriger ist.

Jeder Fuß muss mindestens 20 x auf dem Baumstamm gewesen sein.

Variation: Während der Wechselsprünge über dem Kopf oder auch vor dem Körper in die Hände klatschen.

6.3 Kleines Waldstück: 6 Übungen

2. Liegestütze vorlings

Die Übenden bleiben am Baumstamm (umgefallener oder gefällter Baum).

Ausführung: Mit den Händen schulterbreit auf dem Baumstamm abstützen, die Finger zeigen dabei nach vorne. Die Arme beugen mit Blick nach unten. Anschließend die Arme wieder strecken.

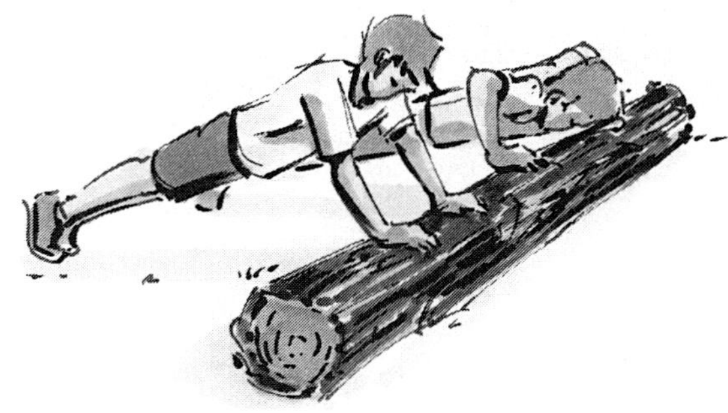

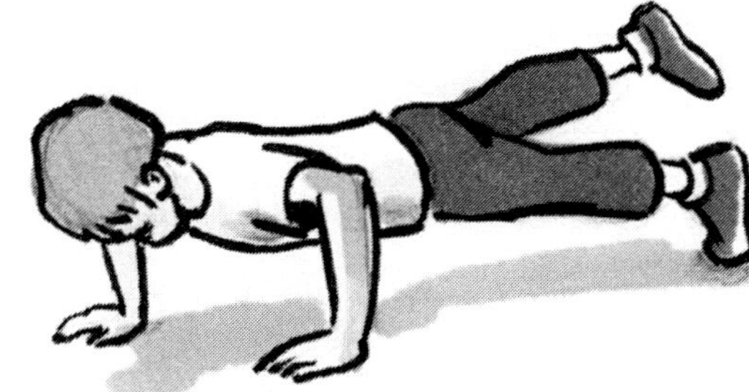

Wie oft? Je nach Leistungsvermögen führt jeder Übende die Übung 7-10 x oder 10-15 x aus; nach einer kurzen Pause noch einmal.

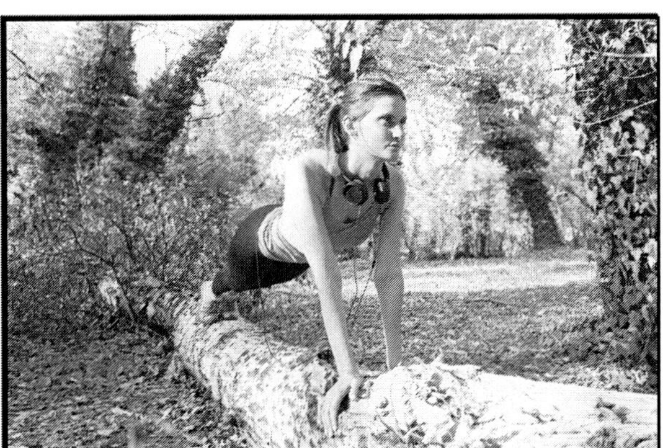

Variation: Leistungsstarke Schüler üben mit den Händen auf dem Boden oder mit Händen und Füßen auf dem Baum. Bei einer weiteren Variante wird während des Beugens und Streckens der Arme ein Bein etwas vom Boden abgehoben.

3. Ausfallschritt

Die Übenden suchen sich einen freien Platz auf dem Waldweg, unter den Bäumen oder auf einer Grasfläche.

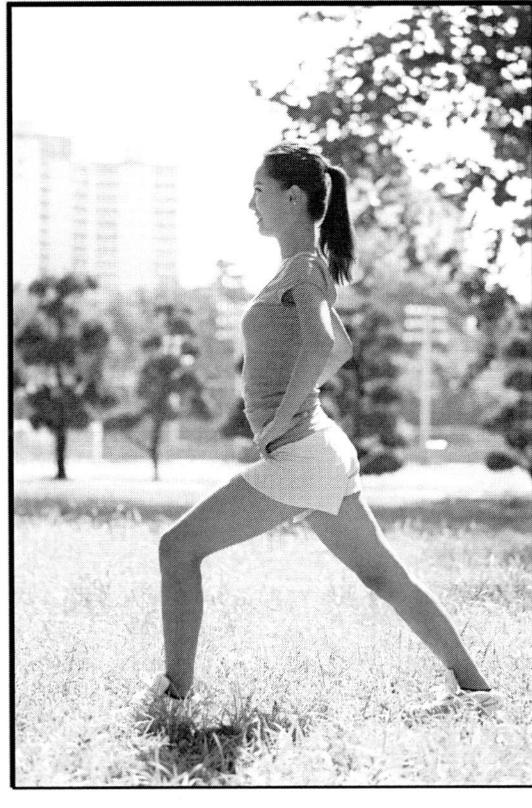

Ausführung: Aus dem Stand einen großen Schritt nach vorn ausführen. Danach ist das vordere Bein gebeugt, das hintere Bein ist (fast) gestreckt. Der hintere Fuß ist auf die Zehenspitzen gestellt, der vordere Fuß hat vollen Kontakt mit dem Boden. Die Hände werden locker auf dem vorderen Oberschenkel abgelegt. Danach aufrichten und dabei das hintere Bein vorschieben. Mit vertauschten Beinen wiederholen.

Hinweise: Den Oberkörper aufrecht und den Rücken gerade halten. Die Position des Ausfallschritts immer ca. 5-10 Sekunden halten.

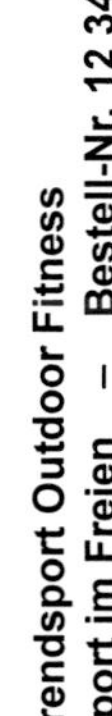

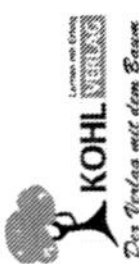

6.3 Kleines Waldstück: 6 Übungen

Wie oft? Zunächst führen alle Übenden die Grundform des Ausfallschritts (siehe Abb. Seite 33 unten) einige Male aus. Anschließend wird der Ausfallschritt mit weiter Schrittstellung ausgeführt.

Jeder Schüler führt die Übung 5-7x aus, nach einer kurzen Pause noch einmal.

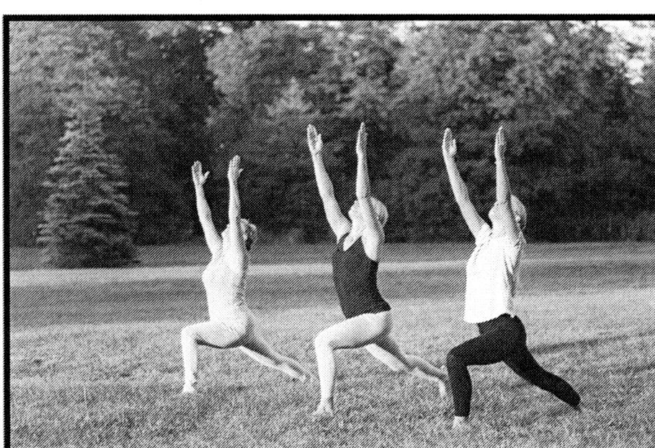

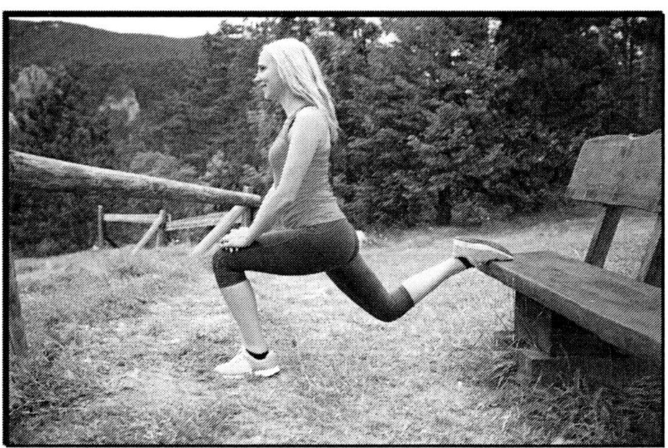

Variation: Beide Arme bei der Ausführung nach oben strecken.

Besonders leistungsstarke Schüler können den hinteren Fuß auf einem Baumstumpf oder einer ähnlich erhöhten Stelle ablegen.

4. Schrittsprung über Baumstamm

Alle Übenden stellen sich nebeneinander (evtl. auch hintereinander) mit Abstand zu einem Baumstamm auf.

Ausführung: Kurz anlaufen, mit einem Bein abspringen und auf der anderen Seite auf dem anderen Fuß oder auf beiden Füßen landen.

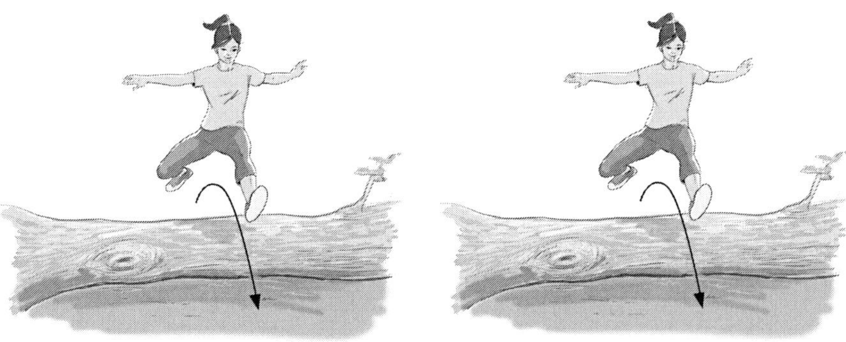

Hinweise: Die Landestelle auf der anderen Seite des Baumstammes wird vorher auf Tauglichkeit geprüft. Die Übenden stellen sich in der Regel nebeneinander auf, sodass immer mehrere Schüler springen können.

Wie oft? Je nach Leistungsvermögen sucht sich jeder Übende den entsprechenden Platz am Baumstamm, der aufgrund des natürlichen Wuchses an einigen Stellen höher und an anderen Stellen wieder etwas niedriger ist. Leistungsschwächere Schüler dürfen auch beim Springen einen Fuß auf den Baumstamm aufsetzen.

Jeder Schüler springt 5-7 x.

Variation: Leistungsstärkere Schüler verkürzen den Anlauf, z.B. auf nur noch drei Schritte Anlauf.

6.3 Kleines Waldstück: 6 Übungen

5. Balancieren

Die Schüler stellen sich hintereinander vor einem Baumstamm auf.

Der Erste steigt auf den Baumstamm und beginnt mit dem Balancieren. Der zweite Schüler beginnt erst, wenn der erste Übende die Hälfte des Baumstammes passiert hat (evtl. Stelle kennzeichnen).

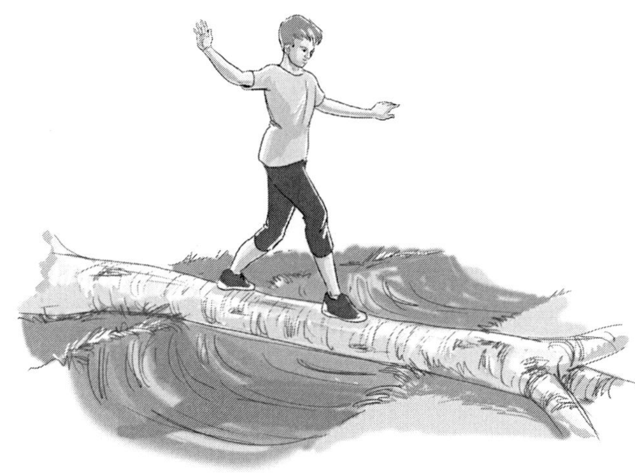

Ausführung: Langsam – mit kleinen Schritten und mit ausgleichendem Armeinsatz über den Baumstamm balancieren, der Blick geht geradeaus. Am Ende des Baumstamms abspringen und zum Ausgangspunkt zurückgehen.

Hinweise: Vorsichtig und umsichtig balancieren, der Baumstamm ist unterschiedlich geformt und an einigen Stellen mit Moos bewachsen, an anderen Stellen glatt – glitschig.

Wie oft? Jeder Schüler balanciert 2 x über den Baumstamm, ohne herunterzufallen. Leistungsstärkere Schüler versuchen sich in der Mitte einmal um sich selbst zu drehen und dann weiter zu balancieren.

Variationen: Partnerübung – an jedem Ende des Stammes steht ein Schüler, langsam balancieren beide aufeinander zu und gehen aneinander vorbei, möglichst ohne herunterzufallen.

Wieder startet an jedem Ende ein Schüler. Jetzt muss sich einer hinhocken und der andere über ihn hinwegsteigen. Danach steht er wieder auf und balanciert weiter. Beim nächsten Mal werden dann die Rollen getauscht.

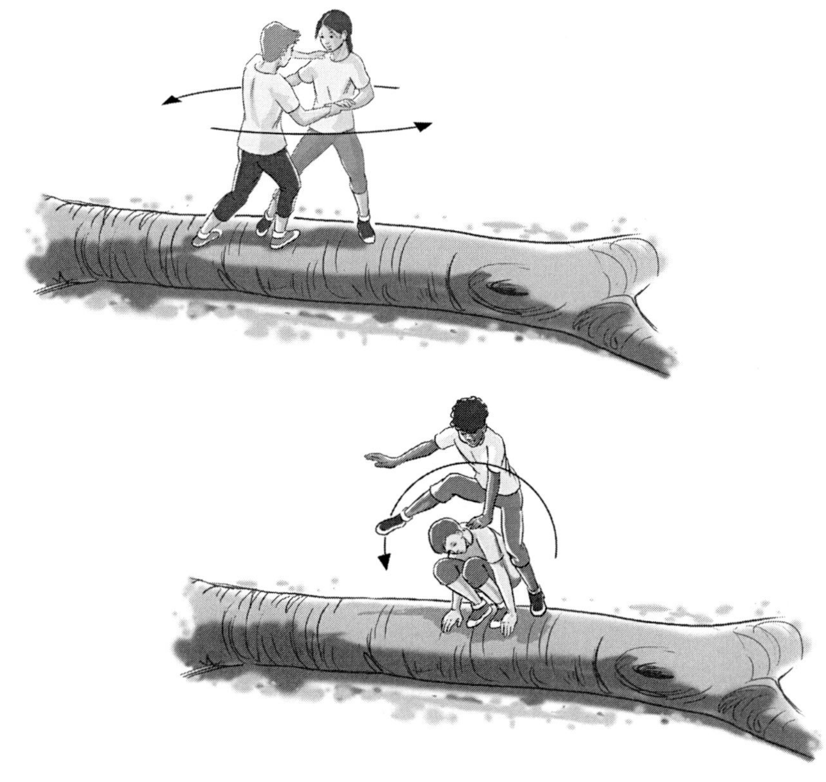

6.3 Kleines Waldstück: 6 Übungen

6. Schlusssprünge

Je nach Länge des Baumstammes stellen sich 3-5 Schüler nebeneinander frontal zum Baumstamm auf.

Ausführung: Grätschstand einnehmen, die Füße zeigen nach vorne. Mit kräftigem Armeinsatz im Schlusssprung über den Baumstamm auf die andere Seite springen. Danach sich umdrehen und wieder zurückspringen.

Hinweise: Je nach Umfang und Größe des Baumstammes wird über und auch auf den Baumstamm gesprungen. Wer das Überspringen noch nicht schafft, landet auf dem Baumstamm und springt dann zur anderen Seite hinunter.

Wie oft? Jeder Übende springt 5-10 x über (auf) den Baumstamm.

Variationen: Mit einer Seite zum Baumstamm stehen und seitwärts über den Baumstamm springen. Auf diese Weise kann der Stamm auch gleich mehrfach hintereinander im Slalom übersprungen werden. Auch hier ist immer für schwächere Schüler zuerst der Sprung auf den Stamm möglich.

Wenn möglich, springen leistungsstarke Schüler auf etwas Höheres (Baumstumpf, Bank) hinauf und landen dort.

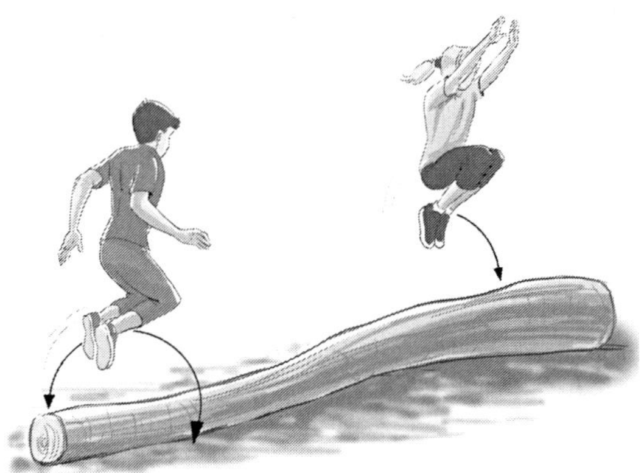

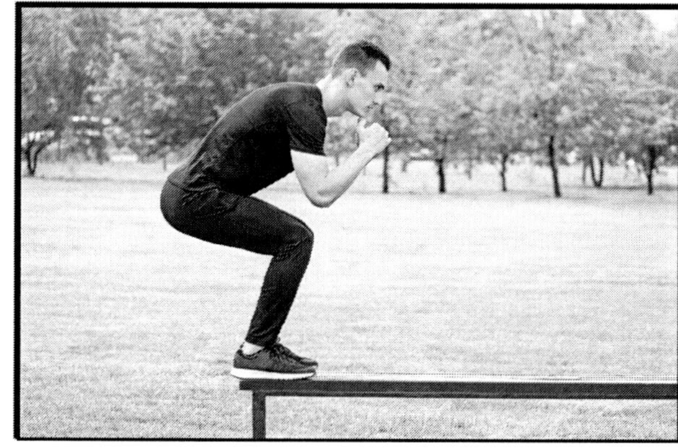

Die Übenden kommen zusammen.

Langsamer Lauf in der Gruppe zum Ausgangspunkt – Sporthalle/Sportplatz – zurück (ca. 5-10 Minuten).

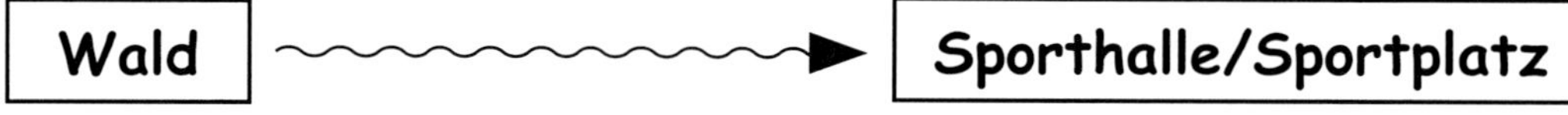

Wenn noch Zeit ist … Liegestütze vorlings (siehe Übung 2)

Ausführung: Mit den Händen schulterbreit auf dem Baumstamm abstützen, die Finger zeigen dabei nach vorne. Die Arme beugen mit Blick nach unten. Anschließend die Arme wieder strecken.

KOHL VERLAG Trendsport Outdoor Fitness – Sport im Freien – Bestell-Nr. 12 346

6.4 Schulhof und Umfeld: 3 Übungen

Ort / Übungsstätte	Schulhof und Umfeld
Zur Verfügung stehende Zeit	45 Minuten
Übungsauswahl/-angebot	Liegestütz – Springen – Klimmzüge – Balancieren
Natürliche Gegebenheiten/ „situative Bedingungen“	Der Schulhof und das Umfeld bieten viele Möglichkeiten Sport *draußen* durchzuführen. Auf dem grundsätzlich für den Bewegungsdrang der Kinder gestalteten Gelände stehen insbesondere verschiedene Übungsgeräte zur Verfügung: Häufig sind Dreistufenrecke, Hangel- und Klettergeräte, Balancierbalken usw. vorhanden. Oft gibt es kleine Böschungen und Umgrenzungen/Einfassungen des Schulhofs.
Ausgangspunkt/Treffpunkt	Schulhof

Langsamer Lauf (Joggen) in Kurven und Bögen über das Schulhofgelände. Hierbei werden die natürlichen Gegebenheiten einbezogen, z.B. wird um die Recke im Slalom herum und auch zum Teil darunter hindurch gelaufen, an einer Böschung hoch und auf der anderen Seite wieder hinab gelaufen. Kleine Hindernisse wie Abgrenzungen können dabei übersprungen werden.

Meistens muss man mehrere Runden absolvieren, um auf eine Laufzeit von ca. 5-7 Minuten zu kommen. Der Sportlehrer läuft mit und gibt so einerseits das für diese Aufwärmphase geeignete Tempo vor. Andererseits sorgt er so gleich am Anfang für Disziplin auf dem Schulhof, wo man sich ja sonst in der Pause „gehen lassen darf“.

Die Laufstrecke immer den Gegebenheiten anpassen.

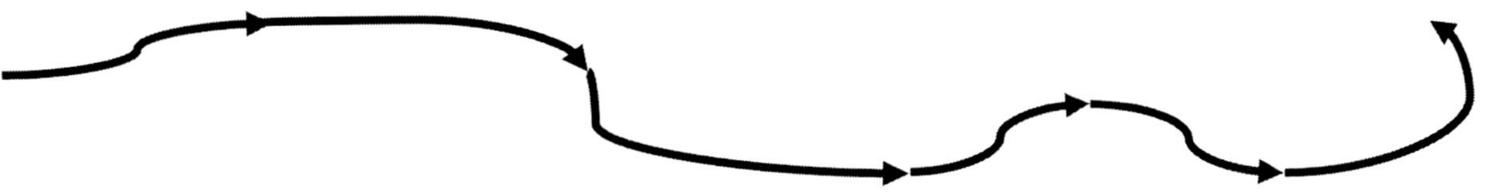

6.4 Schulhof und Umfeld: 3 Übungen

1. Liegestütze vorlings

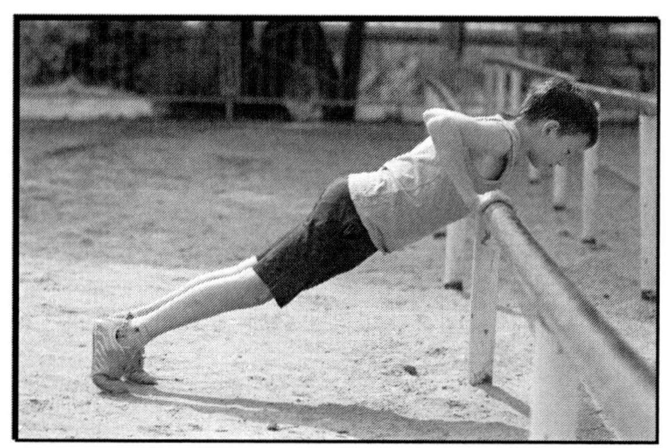

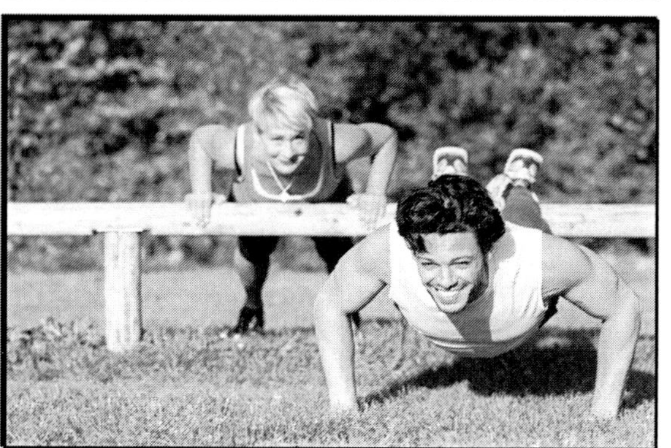

Die Schüler verteilen sich an den Einfassungen/am Geländer auf dem Schulhofgelände.

Ausführung: Mit den Händen schulterbreit auf dem Geländer/der Abgrenzung abstützen, mit der ganzen Hand umfassen. Die Arme beugen mit Blick nach unten. Anschließend die Arme wieder strecken.

Hinweise: Während der Übung immer die Körperspannung halten. Gesäß und Schultern bleiben auf einer Linie – kein Hohlkreuz!

Wie oft? Jeder Schüler führt die Übung 5-10 x aus, nach einer kurzen Pause noch einmal.

Leistungsstärkere Schüler führen den Liegestütz 10-15 x aus.

Variationen: Besonders leistungsstarke Schüler heben während des Beugens und Streckens der Arme ein Bein etwas vom Boden ab oder legen beide Füße auf die Abgrenzung (siehe Abb. unten).

2. Springen

Die Schüler stellen sich hintereinander an der untersten Stufe einer Treppe auf.

Manchmal sind Teilbereiche des Schulhofes durch Treppenstufen verbunden. Evtl. können aber auch die Treppenstufen im Schulflur genutzt werden.

Ausführung: Die Treppe hochlaufen, jede Stufe muss mit einem Fuß berührt werden (keine Stufe auslassen). Auf der anderen Seite langsam heruntergehen.

Hinweise: Kleinschrittig, gleichmäßig und rhythmisch die Treppe hochlaufen. Es darf nicht überholt werden.

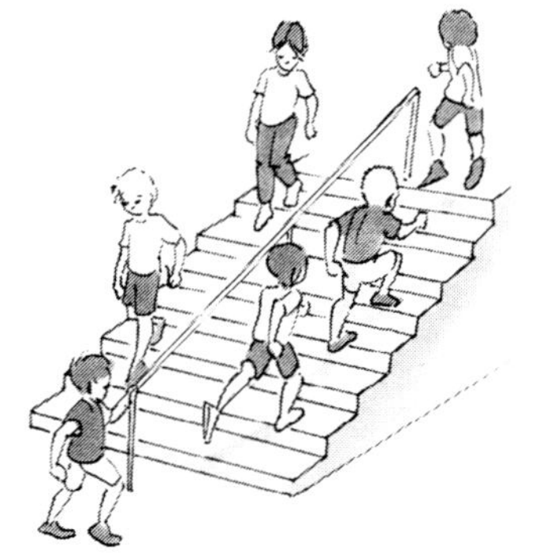

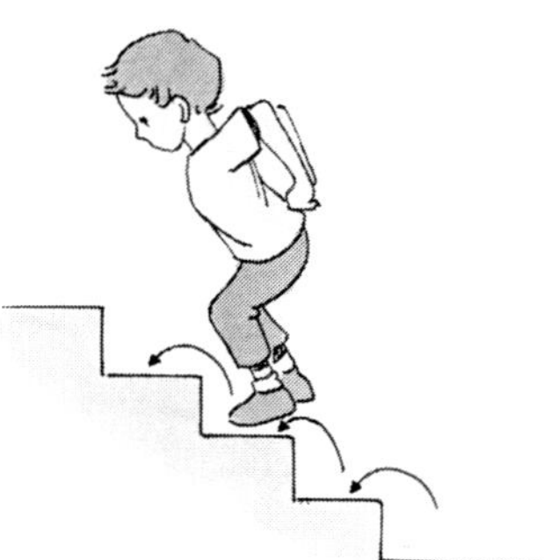

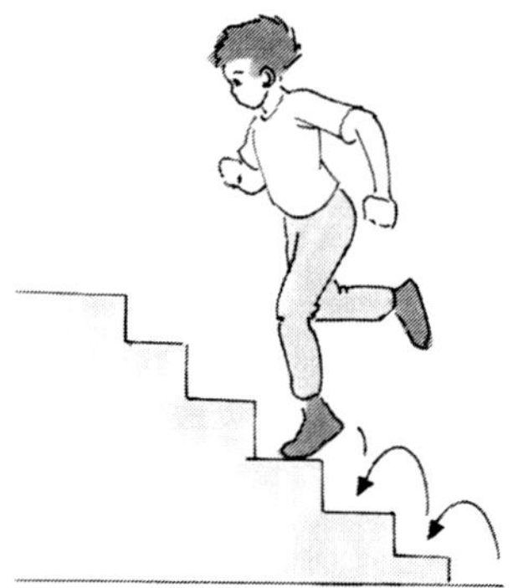

Wie oft? 3-4 x die Treppe hinauf und wieder herunter. Entscheidend hierbei ist immer auch die Anzahl der Stufen.

Variation: Die Treppe hinauf mit Schlusssprüngen (Abb. Mitte).

Besonders leistungsstarke Schüler springen einbeinig die Treppe hinauf (Abb. rechts).

6.4 Schulhof und Umfeld: 3 Übungen

3. Klimmzüge

Die Schüler gehen zum Dreistufenreck oder Hangelgerät und warten dort auf die Ansage.

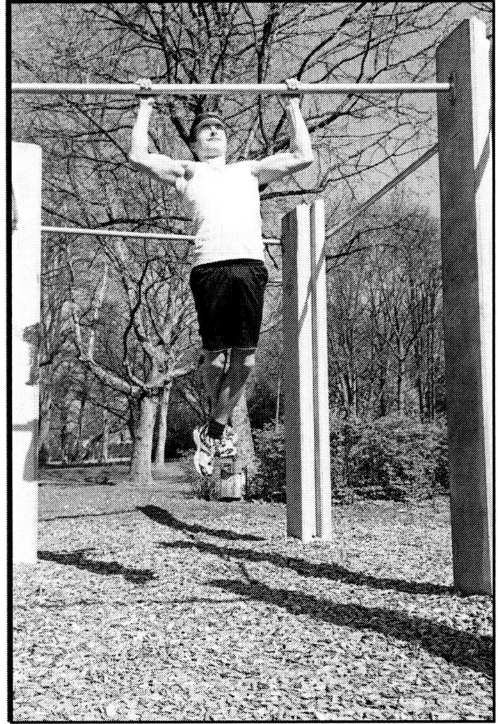

Ausführung: Sprung in den Hang, sofort die Arme beugen und den Körper hochziehen, bis das Kinn die Stange erreicht (über die Stange gucken). Danach die Arme wieder strecken und in die Ausgangsposition zurückkommen. Evtl. nun gleich noch einmal aus dem Hang hochziehen. Oder vorher abspringen, dann erneut mit einem Sprung die Stange erreichen und hochziehen.

Hinweise: Die Übung immer gleichmäßig und nicht ruckartig ausführen und den Atem weiter fließen lassen.

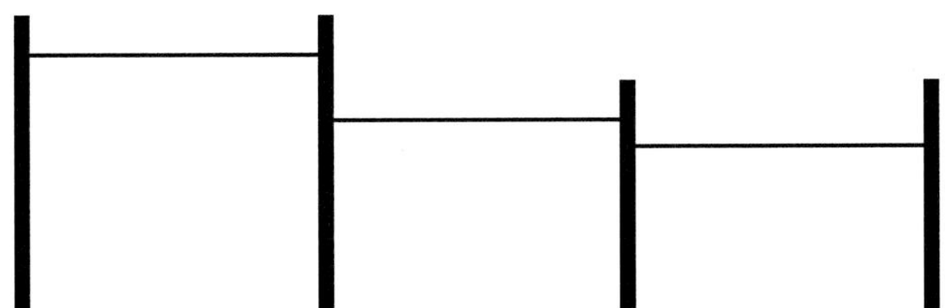

Wie oft? Jeder Schüler führt die Übung 5-10 x aus, nach einer kurzen Pause noch einmal.

Differenzierung

Erfahrungsgemäß haben viele Schüler Probleme damit, das eigene Körpergewicht gegen die Schwerkraft nach oben zu ziehen. Da der Klimmzug eine der wenigen Übungen ist, die insbesondere die Rückenmuskulatur gut trainiert, muss man unbedingt ein differenziertes Angebot für diese Schüler machen.

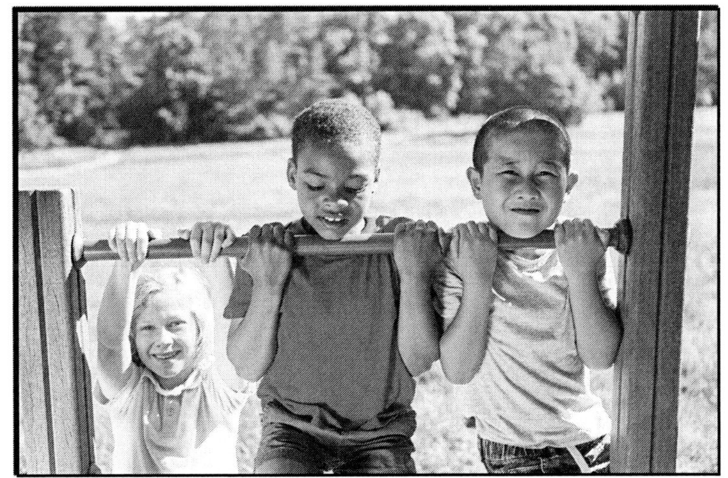

Die Schüler stehen etwas hinter der Reckstange, die gerade über Kopf hoch sein muss, sodass sie noch gut mit den Händen zu fassen ist. Leicht abspringen und sofort mit den Armen hochziehen, bis man über die Reckstange schauen kann.

Variation: Wenn diese Übung aus dem Laufen heraus oder mit einem extra Anlauf gemacht wird, vermeidet man den Eindruck, dass es jetzt um einen „technisch korrekten Klimmzug" gehen soll. Die schwächeren Schüler fühlen sich dann nicht als „Versager".

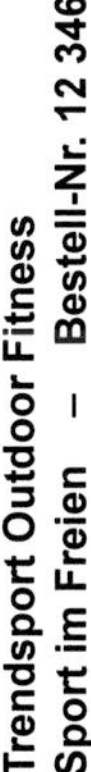

6.4 Schulhof und Umfeld: 3 Übungen

Differenzierung

Für diese Übung wird eine niedrige Stange benötigt. Mit gebeugten Armen die Reckstange fassen, die Füße vorne so aufsetzen, dass der Körper in eine Schräglage kommt. Dann die Arme anziehen, bis man über die Stange schauen kann. Anschließend die Arme nur so weit strecken, dass der Boden noch nicht berührt wird.

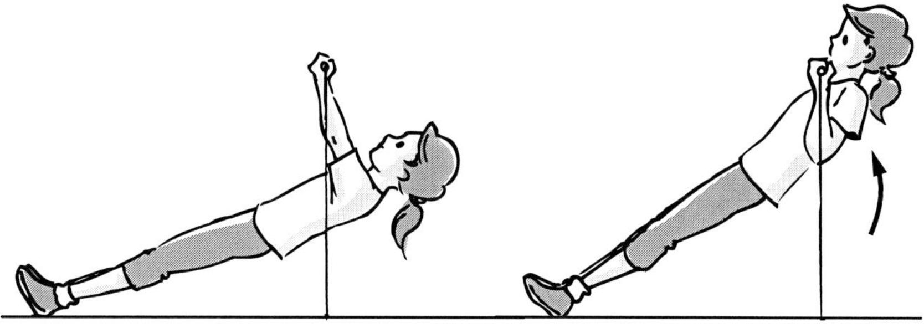

Zur weiteren Erleichterung können die Beine dabei auch etwas gebeugt sein.

Langsames Auslaufen (Joggen) in Kurven und Bögen über das Schulhofgelände.

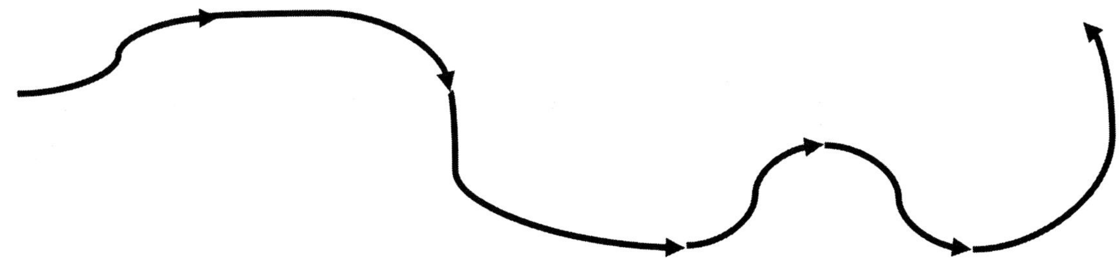

Wenn noch Zeit ist: Balancieren

a) Nacheinander auf den Balken (oder die niedrige Einfassung) steigen und kleinschrittig – evtl. mit Handfassung – über den Balken balancieren.

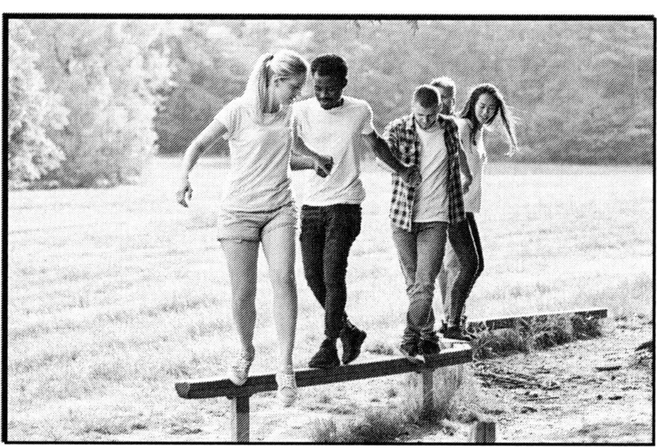

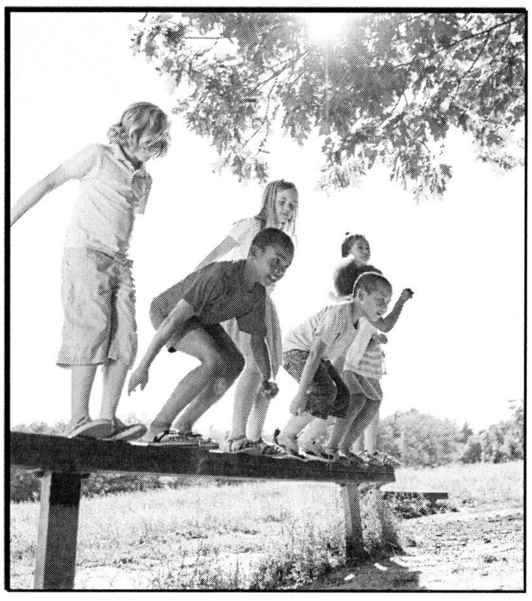

b) Aufsteigen und sich nebeneinander auf den Balken stellen. Dann gemeinsam nach vorn abspringen.

6.5 Sportplatz und Umgebung: 7 Übungen

Ort/Übungsstätte	Sportplatz und Umfeld
Zur Verfügung stehende Zeit	90 Minuten
Übungsauswahl/-angebot	Hüpfen/Springen – Stützen/Rollen – Skippings – Liegestütz – Ausfallschritt – Unterarmliegestütz/Liegestütz – Spannbeuge
Natürliche Gegebenheiten/ „situative Bedingungen“	Der Sportplatz und seine Umgebung bieten viele Möglichkeiten Sport *draußen* zu organisieren. Auf dem gestalteten Gelände sind häufig Treppen, Böschungen, Grünflächen, Geländer, Kugelstoßringe, Weitsprunganlagen etc. vorhanden.
Ausgangspunkt/Treffpunkt	Sportplatz

Langsamer Lauf (Joggen) längs, quer oder diagonal über den Sportplatz, anschließend je nach den Gegebenheiten die Treppenstufen, die Kugelstoßanlage, die Weitsprunganlage und das Geländer einbeziehen, z.B. im Slalom die Treppe hinauf und wieder hinunter, um die Kugelstoßringe herum laufen, sich unter dem Geländer hindurchwinden usw.

1. Springen

Die Schüler verteilen sich nebeneinander an den Treppenstufen.

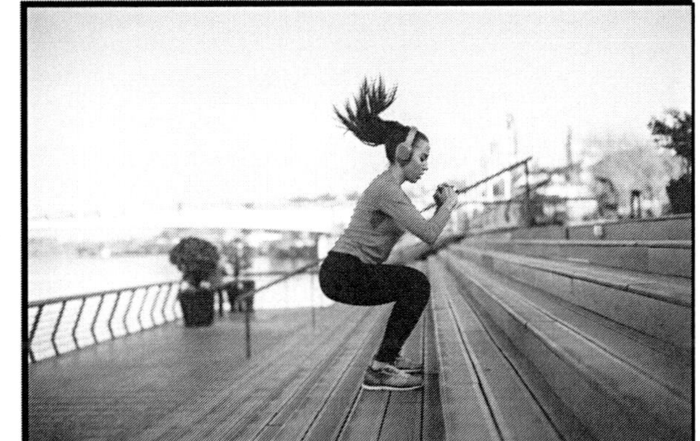

Ausführung: Stand vor der ersten Stufe. Mit kräftigem Armeinsatz Schlusssprünge aufwärts. Oben angekommen umdrehen und langsam heruntergehen.

Hinweise: Die Arme unterstützen den Sprung – möglichst gleichmäßig und rhythmisch nach oben springen.

Wie oft? Jeder Schüler führt den Schlusssprung 10-15 x aus. Wenn die Anzahl der Stufen nicht ausreicht, springt der Schüler nach oben auf die erste Stufe und sofort wieder in die Ausgangsstellung auf den Boden zurück.

Variation: Schlusssprünge aufwärts, dabei immer eine Stufe überspringen.

Für besonders leistungsstarke Schüler: Schlusssprünge aufwärts, dabei immer eine Stufe überspringen. Anschließend normal eine Stufe zurückspringen und dann wieder aufwärts eine Stufe überspringen usw.

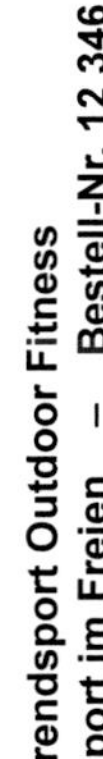

6.5 Sportplatz und Umgebung: 7 Übungen

Es folgen nun 2 Übungen am Geländer (Laufbahnabgrenzung).

Wichtig dabei ist, dass das Geländer stabil und funktionsfähig ist – immer überprüfen.

2. Stützen – Rollen

Die Schüler gehen an das Geländer und verteilen sich dort.

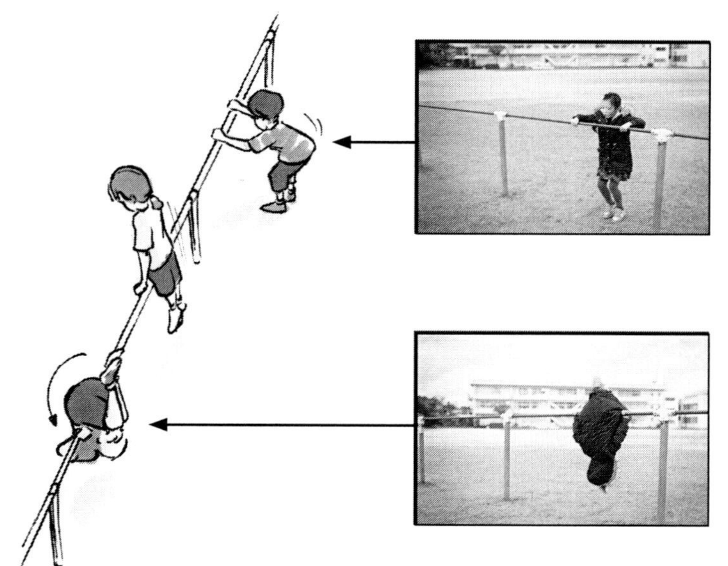

Ausführung: Das Geländer mit beiden Händen fassen, leicht in die Kniebeuge gehen und in den Stütz springen. Sich kurz aufrichten, anschließend eine Rolle vorwärts ausführen und danach die Füße auf den Boden aufsetzen.

Hinweise: Die einzelnen Phasen deutlich ausführen: Stützen – aufrichten – rollen – Füße aufsetzen.

Wie oft? Jeder Schüler führt die Übung 5-7 x aus.

3. Skippings – Trittgeschwindigkeitsübungen

Die Schüler gehen an das Geländer und verteilen sich dort.

Ausführung: Beide Hände fassen das Geländer, der Körper ist in leichter Vorlage. Schnelle kleine Schritte auf der Stelle ausführen, dabei werden die Knie bis zur Waagerechten angezogen.

Hinweise: Wenn das Tempo langsamer wird, sofort aufhören und nach einer kurzen Pause noch einmal beginnen.

Wie oft? Jeder Fuß muss 20-25 x aufgesetzt worden sein, nach einer kurzen Pause noch einmal.

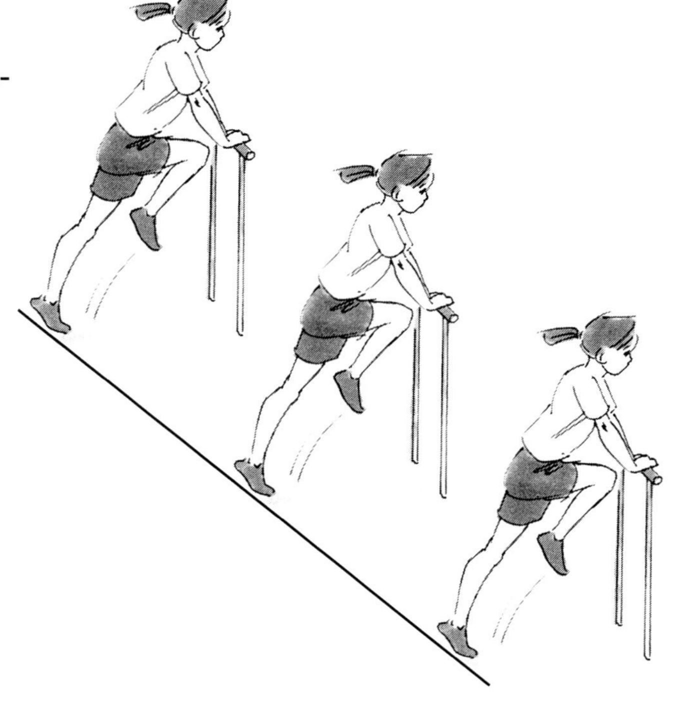

6.5 Sportplatz und Umgebung: 7 Übungen

4. Liegestütz – aber ohne Armbeugen

Die Schüler gehen zum Kugelstoßring und nehmen dort die Liegestützstellung ein. Wenn möglich, üben zwei Schüler zueinander versetzt gegenüber.

Ausführung: Langsam kleinschrittig im Uhrzeigersinn seitwärts stützeln, bis der Ausgangspunkt wieder erreicht ist.

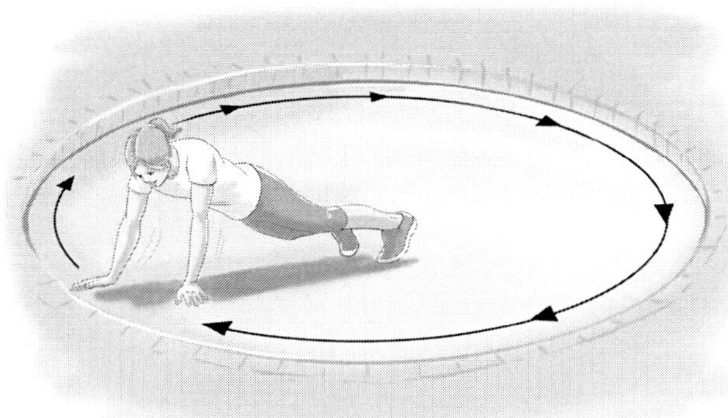

Hinweise: Gleichmäßig und ohne Hektik stützeln, immer auf einen geraden Rücken achten – kein Hohlkreuz. Den Partner beobachten und auf Abstand achten!

Wie oft? Nach einer Runde können manche Schüler aussteigen, während leistungsstärkere Schüler noch eine Runde dranhängen.

5. Ausfallschritt

Die Schüler gehen auf die Grünfläche des Sportplatzes und suchen sich einen freien Platz.

Ausführung: Aus dem Stand einen großen Schritt nach vorn ausführen. Danach ist das vordere Bein gebeugt, das hintere Bein ist (fast) gestreckt. Der hintere Fuß ist auf die Zehenspitzen gestellt, der vordere Fuß hat vollen Kontakt mit dem Boden. Die Hände werden locker auf dem vorderen Oberschenkel abgelegt. Danach aufrichten und dabei das hintere Bein nach vorn ziehen. Mit vertauschten Beinen wiederholen.

Hinweise: Den Oberkörper aufrecht und den Rücken gerade halten. Zunächst die Hände auf dem Oberschenkel ablegen, später die Hände an den Hüften abstützen. Den Atem während der Ausführung immer weiter fließen lassen. Leistungsstärkere Schüler führen die Arme in die Streckung über Kopf.

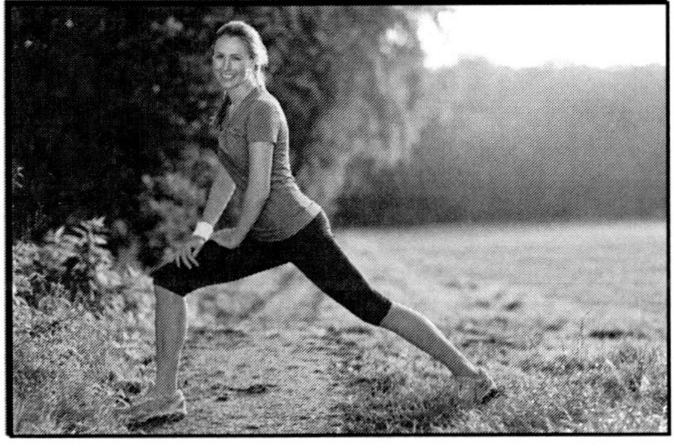

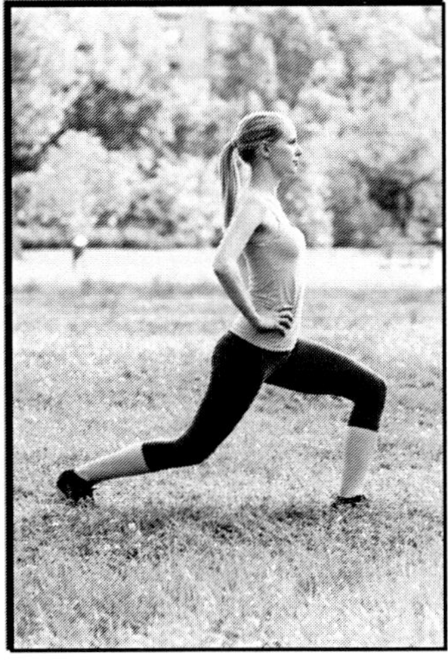

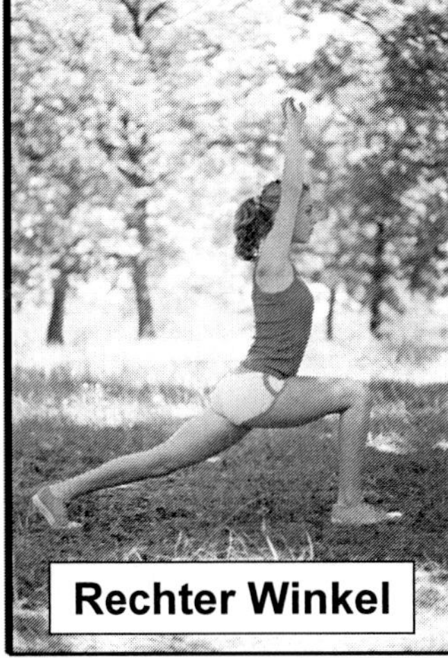

Rechter Winkel

Wie oft? Jeder Fuß muss 5-7 x vorne aufgesetzt worden sein.

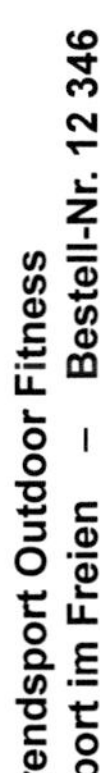

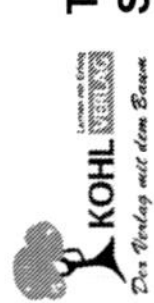

6.5 Sportplatz und Umgebung: 7 Übungen

6. Liegestütz und Unterarmliegestütz

Die Schüler finden sich zu Kleingruppen zusammen (6-8 Schüler).

Mit Abstand von ca. 2 m nehmen sie abwechselnd den Unterarmstütz und die Liegestützposition ein.

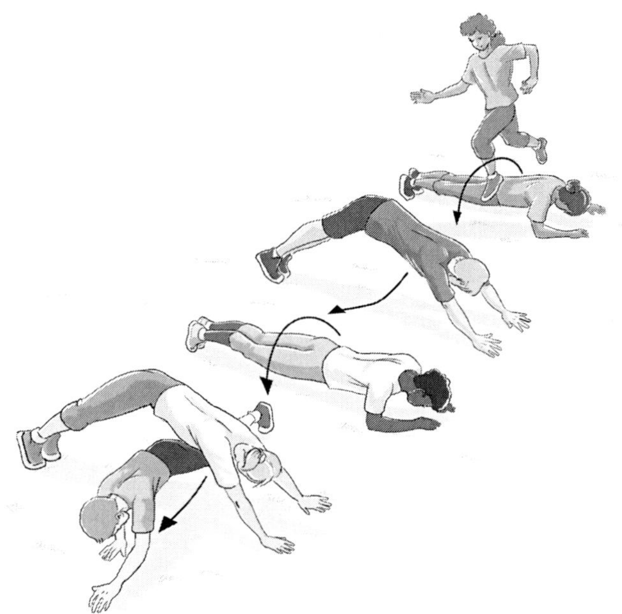

Ausführung: Der letzte Schüler steht auf und überspringt die Übenden, die sich im Unterarmstütz befinden, und kriecht unter diejenigen hindurch, die sich im Liegestütz befinden. Danach reiht sich der Übende mit Abstand und der entsprechenden Stellung ein, damit der nächste Schüler beginnen kann.

Hinweise: Liegestütz mit angehobenem Gesäß, beim Unterarmliegestütz bildet der ganze Körper eine gerade Linie.

Wie oft? 2-3 Durchgänge

7. Lauf in die Spannbeuge

Die Schüler gehen wieder zum Geländer und verteilen sich dort.

Ausführung: Im Stand mit beiden Händen das Geländer festhalten. Mit kleinen Schritten unter dem Geländer durchlaufen (der Körper kommt dabei in die Streckung/Überstreckung), die Hände lösen und nach vorne weglaufen.

Hinweise: Kleinschrittig nach vorn laufen und erst am Ende des Vorlaufens die Hände lösen.

Wie oft? 3-5 x ausführen

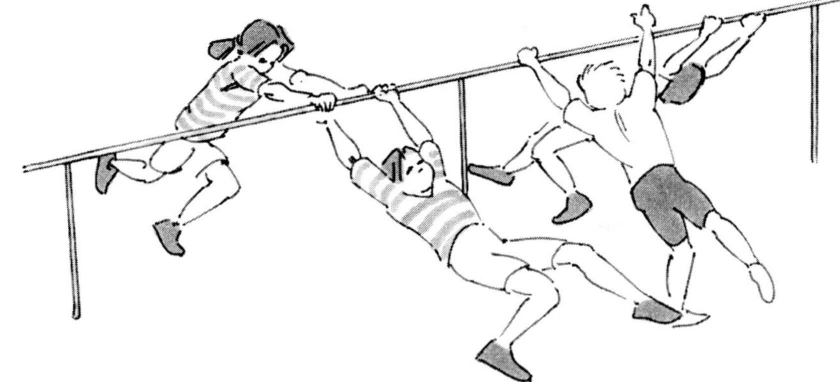

Variation: Am Ende des Vorlaufens eine halbe Drehung ausführen und sofort wieder in die Spannbeuge vorlaufen. Bei der Drehung nach links bleibt die linke Hand an der Stange.

Langsamer Lauf (Joggen) längs oder diagonal über den Sportplatz. Dabei die Treppenstufen, die Kugelstoßanlage, die Weitsprunganlage und das Geländer einbeziehen.

KOHL VERLAG Trendsport Outdoor Fitness – Sport im Freien – Bestell-Nr. 12 346

6.6 Gelände-Lauf mit 6 Übungen

Ganz besonders interessant wird die Sportstunde im Freien, wenn im nahen Umfeld ein Gelände vorhanden ist, das den Schülern unterschiedliche Möglichkeiten zu „ganz anderen“ Bewegungsaktivitäten bietet. Die neue Umgebung weckt nicht nur das Interesse, sondern bietet auch vielfältige Gelegenheiten neue Bewegungserfahrungen zu machen.

Natürlich muss der Sportlehrer dieses Gelände vorher einmal abgegangen sein und eine Sichtung auf Gefahrenpunkte durchgeführt haben. Er erkennt dabei, was das Gelände anbietet und welche Übungen unter Berücksichtigung seiner Klasse/ Gruppe evtl. eingeplant werden können. Besonders vorteilhaft ist es natürlich, wenn einige Schüler dieses Gelände auch schon selbst erkundet haben.

- Das gesamte Gelände wird langsam laufend erschlossen und je nach den situativen Gegebenheiten werden entsprechende Übungen ausgeführt.
- Es findet ein kombiniertes Ausdauer und Kraft-/Koordinationstraining statt.
- Geübt wird mit dem eigenen Körpergewicht.
- Genutzt wird dabei, was das Gelände hergibt.
- Das hier vorgestellte Beispiel (Laufstrecke und Übungsangebote) beruht auf den Erfahrungen des Autors und muss deshalb vom Sportlehrer aufgrund der Gegebenheiten vor Ort modifiziert werden.
- Die Reihenfolge der hier angebotenen Übungen ist natürlich vom jeweiligen Gelände abhängig und muss flexibel gehandhabt werden.

Übungsauswahl/-angebot	Bergauflaufen – Niedersprung – Sprung über einen Graben – Lauf um einen Baum – Balancieren – Treppenlaufen

Langsamer Lauf (Joggen) zum Kennenlernen des Geländes

ca. 10-15 Minuten. Der Sportlehrer läuft vorn und gibt das Tempo an. Oder er beauftragt einen geeigneten Schüler damit und läuft selbst am Ende, hat die bessere Übersicht und kann die am Ende Laufenden ermuntern.

Hinweise: Es ist von Vorteil, wenn eine übersichtliche Rundstrecke gelaufen und diese danach auch wieder für die Übungen genutzt wird.

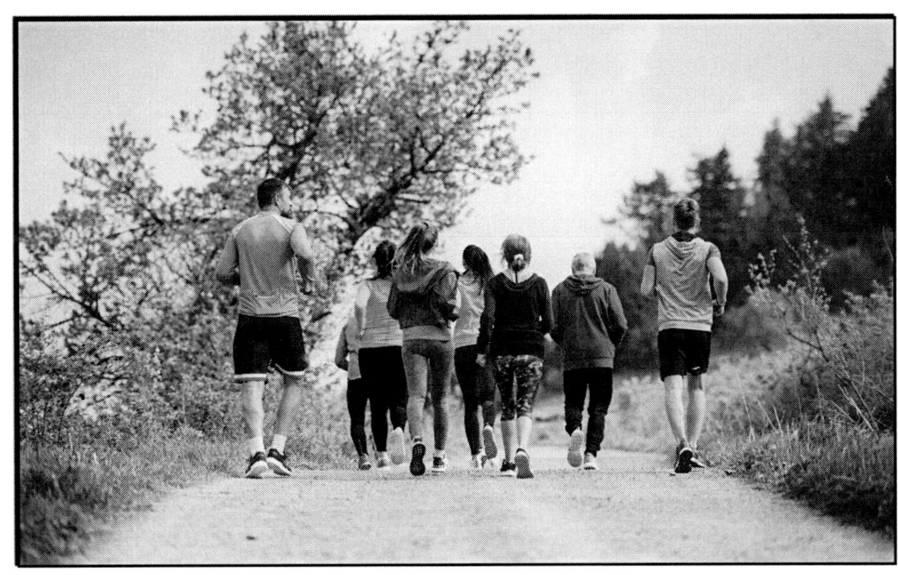

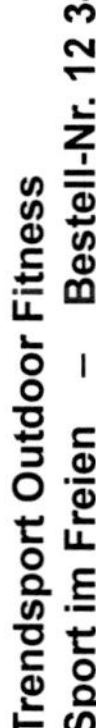

6.6 Gelände-Lauf mit 6 Übungen

1. Bergauflaufen

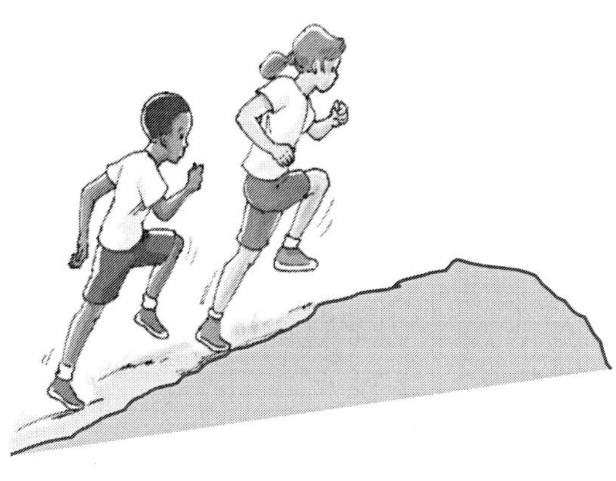

Ausführung: Mit kräftigem Armeinsatz und kleinen Schritten an der Böschung bergauf laufen.

Hinweise: Wenn möglich laufen mehrere Schüler die Böschung nebeneinander auf der ganzen Breite verteilt hinauf. So kann die Steilheit und Beschaffenheit des Hangs an mehreren Stellen erprobt und anschließend evtl. nach Können differenzierend genutzt werden.

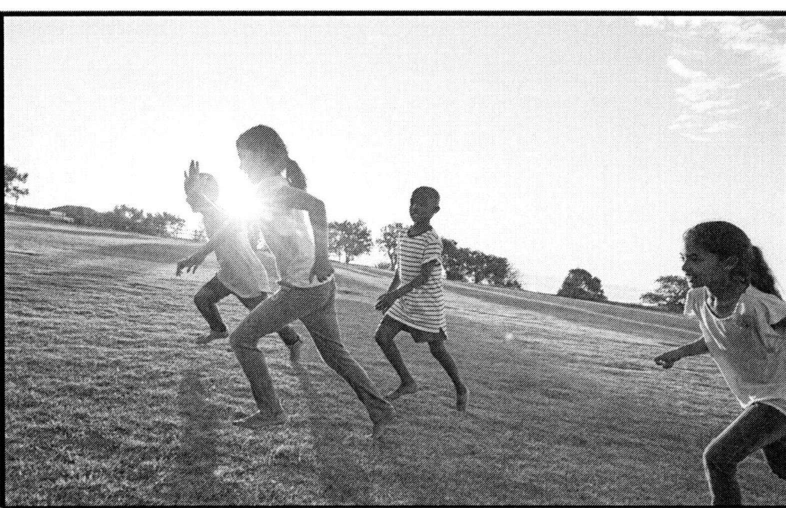

Wer oben angekommen ist, geht an den Seiten wieder herunter.

Wie oft? 3-5 x wiederholen lassen (je nach Höhe/Länge/Steilheit der Böschung).

Die Schüler kommen zusammen – gruppieren sich – und gehen/laufen gemeinsam zur nächsten Gegebenheit.

2. Niedersprung

Ausführung: Von der Kuppe einer Böschung/Erhöhung mit beidbeinigem Absprung nach unten springen.

Hinweise: Jeder Schüler sucht sich seinen Absprungspunkt (weiter oben oder weiter unten). Auf eine sichere beidbeinige Landung hinweisen. Evtl. können auch immer mehrere Schüler nebeneinander nach unten springen.

Hierbei ist es besonders wichtig, dass die Beschaffenheit des Bodens für die Landung geprüft wird.

Wie oft? Jeder Schüler sollte 5 x nach unten gesprungen sein.

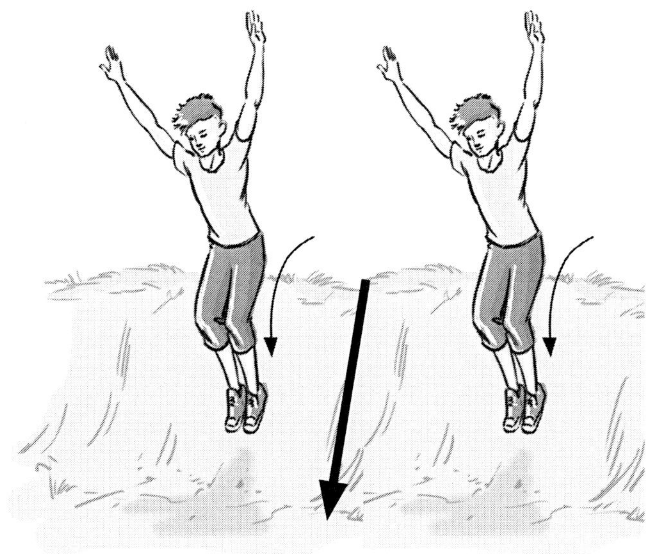

KOHL VERLAG Trendsport Outdoor Fitness

6.6 Gelände-Lauf mit 6 Übungen

3. Sprung über einen Graben

Ausführung: Kurzer Anlauf, Absprung mit einem Bein und Schrittsprung über den Graben.

Hinweise: Jeder Schüler sucht sich eine Stelle aus, die er ohne Probleme überspringen kann. Die Landung kann auf einem Bein oder auf beiden Beinen erfolgen.

Auch hier ist besonders wichtig zu prüfen, ob der Boden auf der anderen Seite für eine gelungene Landung geeignet ist. Der Lehrer bzw. die betreuende Person sollte es unbedingt an verschiedenen Stellen selbst ausprobiert haben.

Wie oft? 5-7 x ausführen, dabei evtl. bei den folgenden Sprüngen eine etwas größere Grabenweite wählen.

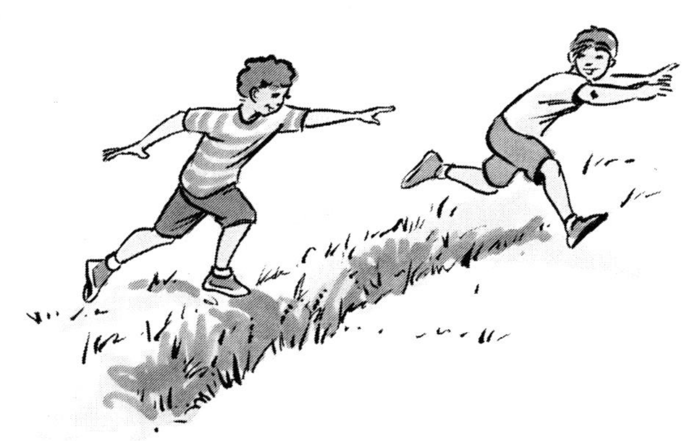

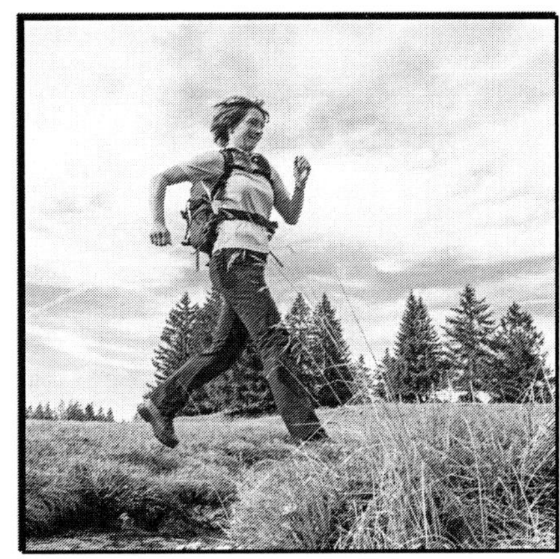

4. Lauf um einen Baum

Ausführung: Die Schüler bilden Paare und stellen sich hintereinander auf. Auf Signal des Sportlehrers läuft das erste Paar los, steuert den Baum an. Beide laufen – einer links, der andere rechts – um den Baum herum und dann wieder „außen“ (um den anderen Läufer nicht zu stören) zurück zum Ausgangspunkt.

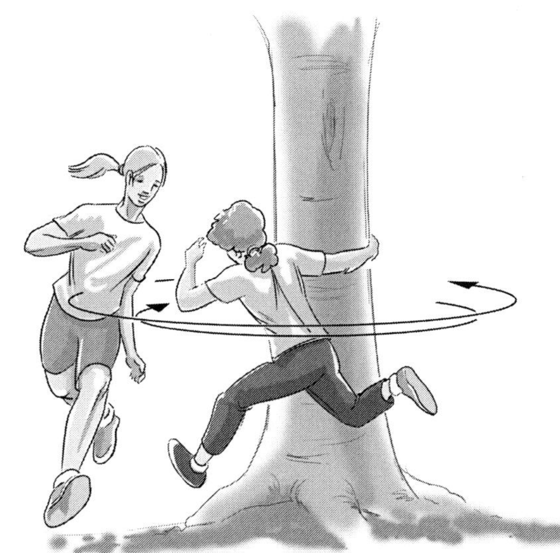

Hinweise: Der rechtsstehende Schüler läuft links herum, der linksstehende Schüler läuft rechts herum. Beim Umlaufen immer auch auf den Partner achten. Wenn mehrere Bäume als Ziele gewählt werden, sind auch mehrere Gruppen möglich. Durch unterschiedliche Abstände der Gruppen zum jeweiligen Baum kann auch differenziert werden.

Wie oft? 2-3 x ausführen.

Die Schüler kommen zusammen – gruppieren sich – und gehen/laufen gemeinsam zur nächsten Gegebenheit.

6.6 Gelände-Lauf mit 6 Übungen

5. Balancieren:

Ausführung: Kleinschrittig über einen Baumstamm balancieren.

Hinweise: Mit ausgleichendem Armeinsatz und geradem Blick balancieren. Der zweite Schüler kann beginnen, wenn der Vordermann die Mitte erreicht hat.

Wie oft? 2-3 x über den Baumstamm balancieren.

Variation: Besonders leistungsstarke Schüler drehen sich in der Mitte einmal um sich selbst und balancieren dann weiter.

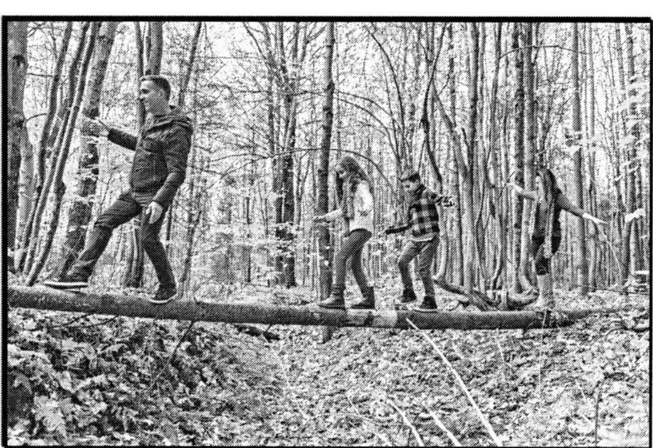

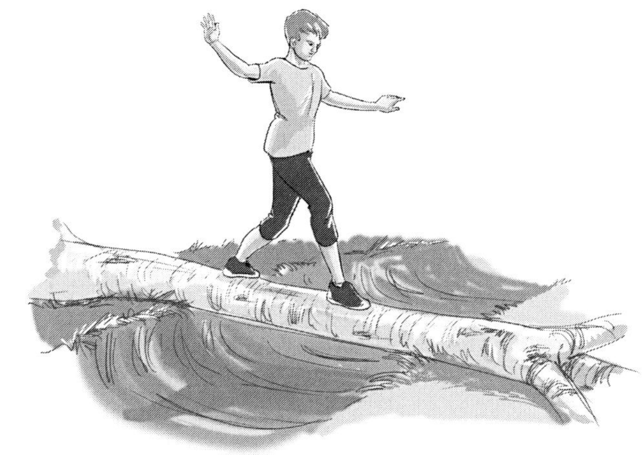

6. Treppenlaufen:

Ausführung: Mit angepassten Schritten die naturnahe Treppe hochlaufen, d.h. je nach Höhe und Abstand der Stufen müssen die Schritte angepasst werden. Möglichst im gleichmäßigen Tempo alle Stufen hochlaufen und auf der anderen Seite hinunter zum Ausgangspunkt zurückgehen.

Wie oft? 2-4 x ausführen, evtl. auch weitere Durchgänge. Das ist immer von der gesamten Länge der Treppe abhängig.

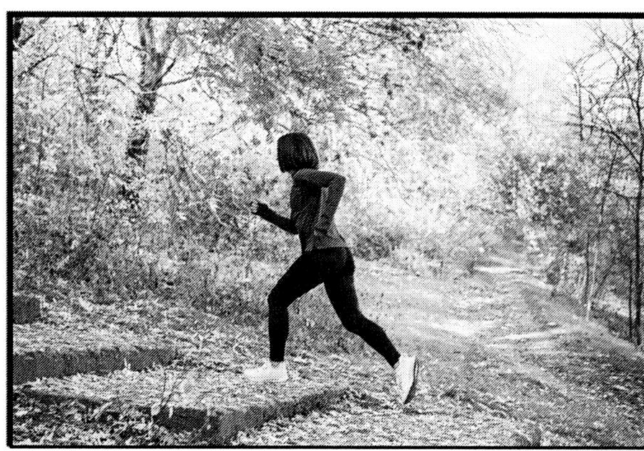

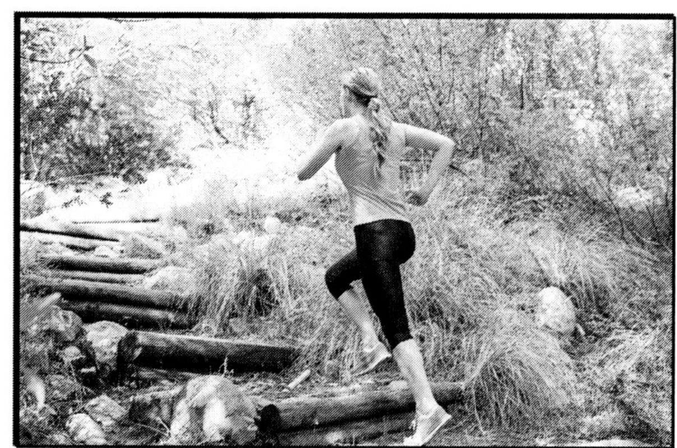

Langsames gemeinsames Auslaufen auf der bekannten Rundstrecke als Abschluss.

6.7 Park und Sportplatz kombiniert: 8 Übungen

Ort/Übungsstätte	Park und Sportplatz/Stadion
Zur Verfügung stehende Zeit	90-120 Minuten
Übungsauswahl/-angebot	Laufen – Stützen – Kniebeugen – Steigen – Hüpfen / Springen – Spannbeuge – Unterarmliegestütz/ Liegestütz

Natürliche Gegebenheiten/„situative Bedingungen“

Häufig befindet sich neben dem Sportplatz ein parkähnliches Umfeld. Es bietet sich deshalb an, diese beiden Gegebenheiten für ein interessantes Übungsprogramm „Sport im Freien“ zu kombinieren.

So werden gleichzeitig die an Leichtathletik interessierten und auch solche Schüler zum Laufen motiviert, die durch den Anblick einer Laufbahn eher frustriert werden. Eine kombinierte Sportstunde kann durchaus quasi wie nebenher das Thema Sportplatz bzw. Leichtathletik vielen skeptischen Schülern auf lockere Art näher bringen.

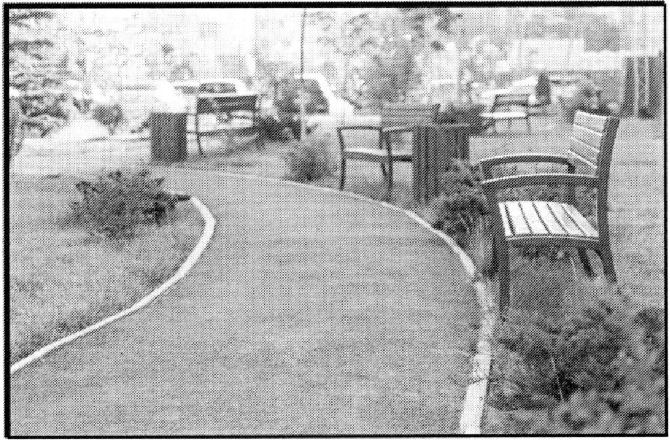

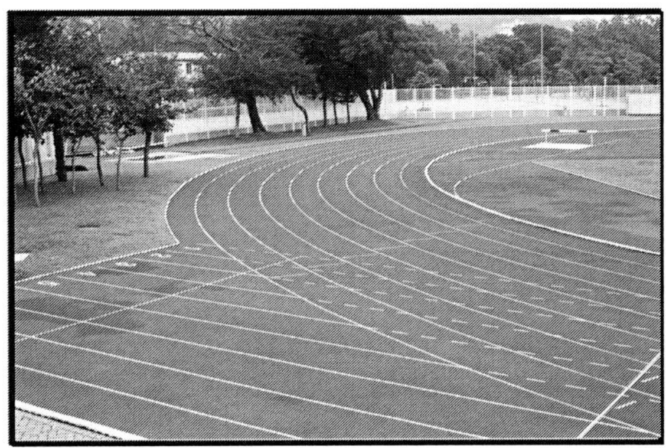

Ausgangspunkt/Treffpunkt	Park oder Sportplatz

Langsamer Lauf im Park – ca. 5-7 Minuten – geradeaus, in Kurven und im Slalom. Die Gegebenheiten wie befestigte Wege, Rasenflächen, Parkbänke und Bäume werden dabei einbezogen. Der Sportlehrer läuft vorn und gibt das Tempo an. Oder er beauftragt einen geeigneten Schüler damit und läuft selbst am Ende, hat die bessere Übersicht und kann die am Ende Laufenden ermuntern.

Schnelles Gehen zu den Parkbänken oder zu den Abgrenzungen. Die Übenden verteilen sich an den Bänken und/oder an den Abgrenzungen.

KOHL VERLAG Der Verlag mit dem Baum
Trendsport Outdoor Fitness
Sport im Freien – Bestell-Nr. 12 346

6.7 Park und Sportplatz kombiniert: 8 Übungen

1. Liegestütz vorlings an Parkbänken oder an Abgrenzungen

Ausführung: Mit den Händen schulterbreit auf der Sitzfläche (oder Lehne) der Bank oder der Abgrenzung abstützen, die Finger zeigen dabei nach vorne. Die Arme beugen mit Blick nach unten. Anschließend die Arme wieder strecken.

Hinweise: Während der Übung immer die Körperspannung halten. Gesäß und Schultern bleiben auf einer Linie – kein Hohlkreuz!

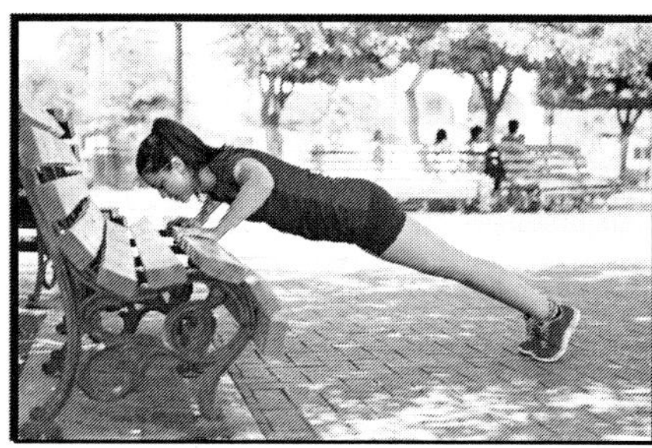

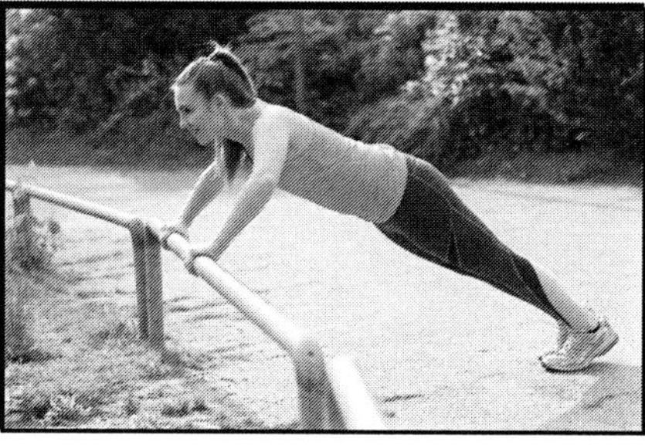

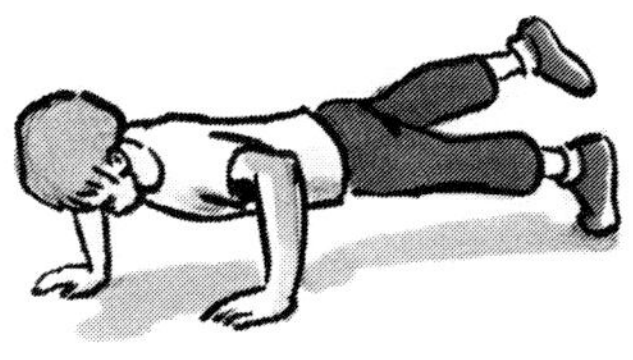

Wie oft? Je nach Leistungsvermögen wählt jeder Schüler Sitzfläche oder Lehne. Jeder Schüler führt die Übung 5-10 x aus, nach einer kurzen Pause noch einmal.

Variation: Besonders leistungsstarke Schüler stützen auf dem Boden und heben dabei sogar ein Bein vom Boden ab (Abb. rechts).

2. Liegestütz rücklings an Parkbänken oder an Abgrenzungen

Die Schüler bleiben an den Parkbänken/der Abgrenzung.

Ausführung: Mit den Händen hinter dem Rücken auf der Kante der Bank oder auf der Abgrenzung abstützen. Die Beine werden nach vorn gebracht und mit den Fersen aufgesetzt. Die Ellenbogen beugen und den Oberkörper absenken, bis die Oberarme fast parallel zum Boden zeigen. Dann sich durch Strecken der Ellenbogen wieder in die Ausgangsstellung hochdrücken.

Hinweise: Langsam und gleichmäßig ausführen – nicht ruckartig. Dabei immer den Atem weiter fließen lassen.

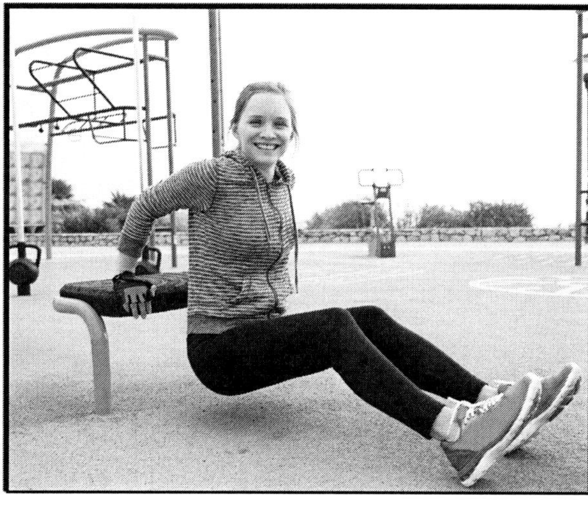

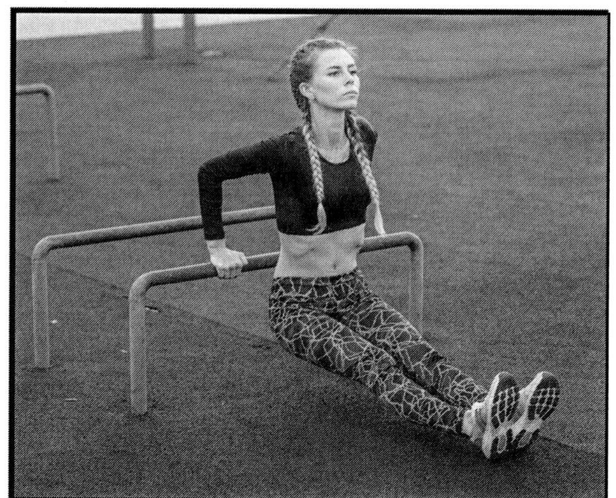

Wie oft? Jeder Schüler führt die Übung 5-10 x aus, nach einer kurzen Pause noch einmal.

Variation: Leistungsstarke Schüler halten dabei die Beine gestreckt.

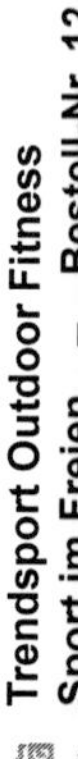

6.7 Park und Sportplatz kombiniert: 8 Übungen

3. Slalomlauf um eine Baumreihe

Schnelles Gehen zu einer Baumreihe im Park.

Ausführung: Die Übenden stellen sich hintereinander auf und laufen zunächst hintereinander an der Baumreihe vorbei (Abb. links). Wenn der letzte Baum erreicht ist, beginnt der Slalomlauf um die Baumreihe (Abb. rechts).

Hinweise: Immer mit Abstand in der Reihe laufen, es darf nicht überholt werden. Aufgrund der Gegebenheiten legt der Sportlehrer den Wendepunkt fest.

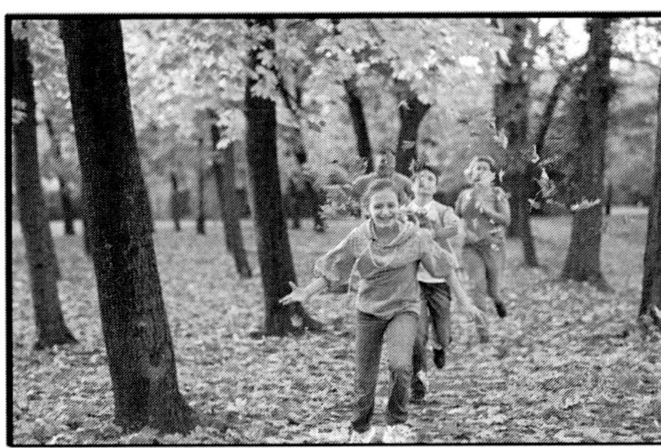

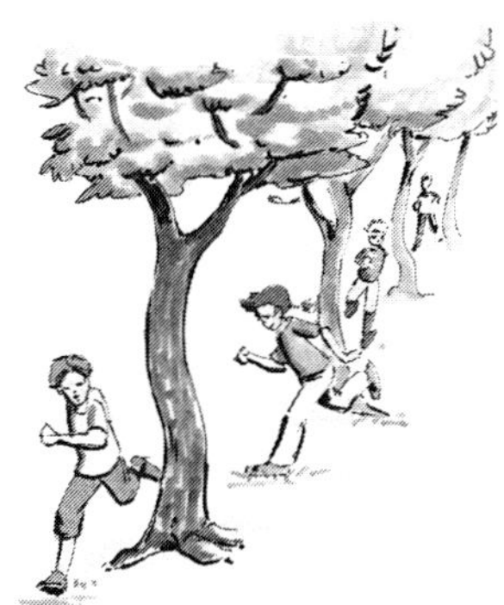

Wie oft? 2-3 x ausführen. Es ist zu berücksichtigen, wie viele Bäume zu umlaufen und wie groß die Abstände zwischen den Bäumen sind.

Variation: Besonders laufstarke Schüler umrunden jeden Baum 1 x und laufen erst dann weiter nach vorne zum nächsten Baum.

4. Kniebeuge

Schnelles Gehen zu einer freien Fläche mit einigen Bäumen.

Ausführung: Füße hüftbreit aufsetzen und die Knie langsam mit geradem Rücken beugen, bis die Oberschenkel fast die Waagerechte erreicht haben. Einen Moment in dieser Position bleiben, danach wieder langsam in die Ausgangsstellung zurückkommen.

Hinweise: Die Füße bleiben bei der Ausführung immer mit der ganzen Fläche auf dem Boden.

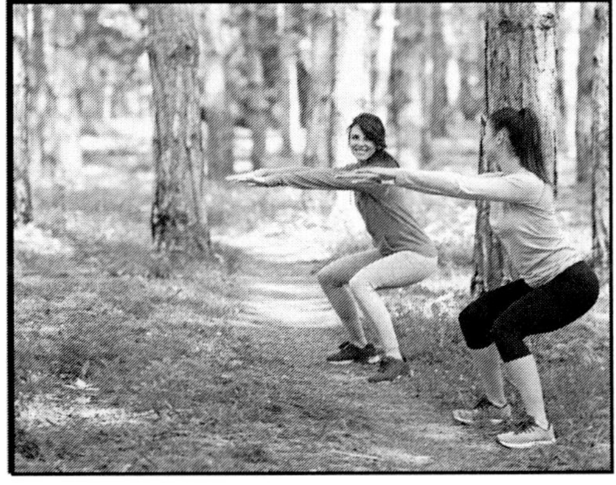

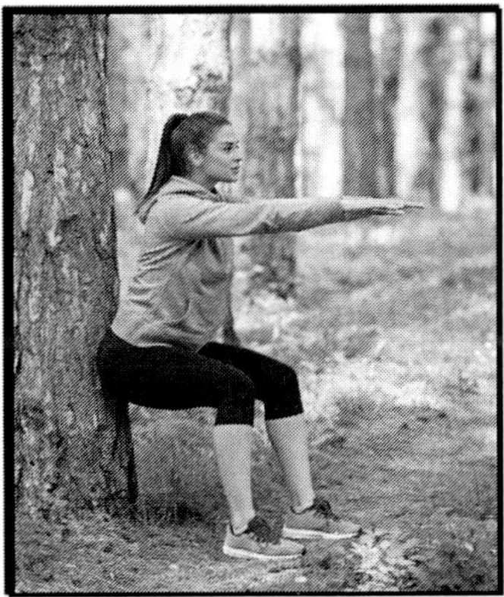

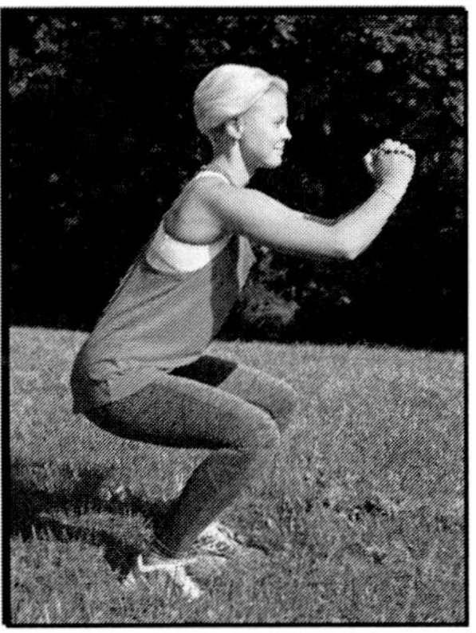

Wie oft? Je nach Leistungsstand 7-15 x ausführen.

Variationen: Wer noch Probleme hat, darf sich mit dem Rücken an einen Baum anlehnen und dort die Kniebeuge ausführen. Besonders leistungsstarke Schüler gehen langsamer in die Kniebeuge und führen gleichzeitig die Arme in die gebeugte Vorhalte (Abb. rechts).

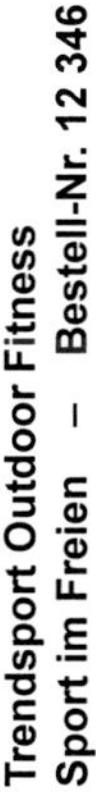

6.7 Park und Sportplatz kombiniert: 8 Übungen

Nach dieser Übung gruppieren sich die Schüler und laufen langsam gemeinsam zum nahen Sportplatz, um dort die weiteren Übungen auszuführen.

5. Hüpfen/Springen im Kugelstoßring

6-8 Schüler stellen sich nebeneinander im Kugelstoßring auf.

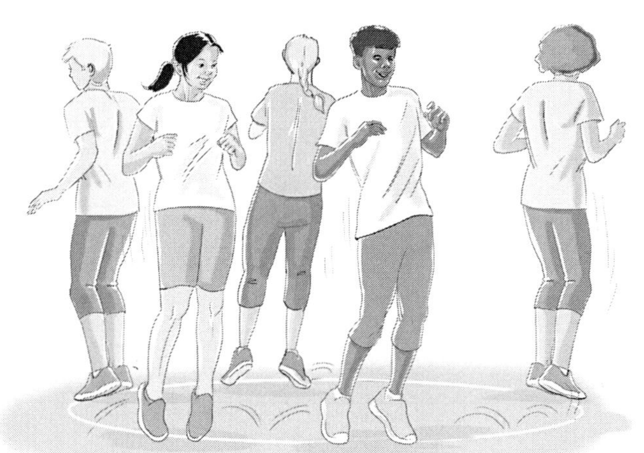

Ausführung: Im Uhrzeigersinn mit Schlusshüpfer synchron (gemeinsam) seitwärts hüpfen/springen.

Hinweise: Eine Runde ist beendet, wenn jeder wieder seinen Ausgangspunkt erreicht hat. In der Regel müssen ein oder zwei Übungsgruppen gebildet werden – alle vorhandenen Ringe ausnutzen!

Wie oft? 3-5 x ausführen.

6. Hin und her am Hindernisbalken

Schnelles Gehen zum Hindernisbalken auf der Laufbahn.

Ausführung: Den Hindernisbalken übersteigen und anschließend hindurchkriechen.

Hinweise: Wird an einem Wassergraben geübt, unbedingt darauf achten, dass die Abdeckung stabil genug ist und sich immer sicherheitshalber nur ein Schüler auf der Abdeckung befindet. Nachdem der erste Schüler hinübergestiegen ist, kann der nächste Schüler beginnen.

Wie oft? 5 x ausführen.

Variation: Leistungsstarke Schüler können den Balken auch überlaufen, dabei wird ein Fuß aufgesetzt. Auch mit einer Hockwende kann der Balken übersprungen werden. In diesem Fall muss aber unbedingt darauf geachtet werden, dass immer nur einer springt (Gefahr: Kopfzusammenstoß!).

6.7 Park und Sportplatz kombiniert: 8 Übungen

7. Klimmzüge

Die Schüler gehen zum Geländer neben der Laufbahn und verteilen sich dort an den einzelnen Feldern.

Wichtig dabei ist, dass das Geländer stabil und funktionsfähig ist – immer überprüfen.

Ausführung: Mit beiden Händen das Geländer fassen, die Füße vorne so aufsetzen, dass der Körper in eine Schräglage kommt. Dann die Arme anziehen, bis man über die Stange schauen kann. Anschließend die Arme wieder strecken.

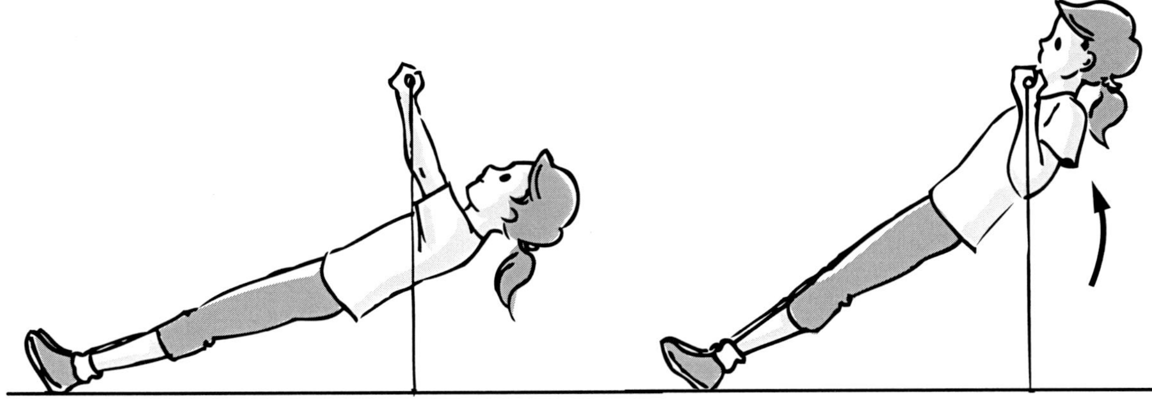

Hinweise: Ruhig und gleichmäßig beugen (anziehen) und strecken (Arme absenken). Den Atem dabei immer weiter fließen lassen, keine Pressatmung!

Zur Erleichterung können die Beine dabei auch etwas gebeugt sein.

Wie oft? 5-10 x je nach Leistungsstand, nach einer kurzen Pause noch einmal.

8. Liegestütz und Unterarmliegestütz

Die Schüler gehen auf die Grünfläche (Rasen) und bilden dort Kleingruppen von 6-8 Schülern.

Ausführung: Der letzte Schüler steht auf und überspringt die Übenden, die sich im Unterarmstütz befinden, und kriecht unter diejenigen hindurch, die sich im Liegestütz befinden. Danach reiht sich der Übende mit Abstand und der entsprechenden Stellung ein, damit der nächste Schüler beginnen kann.

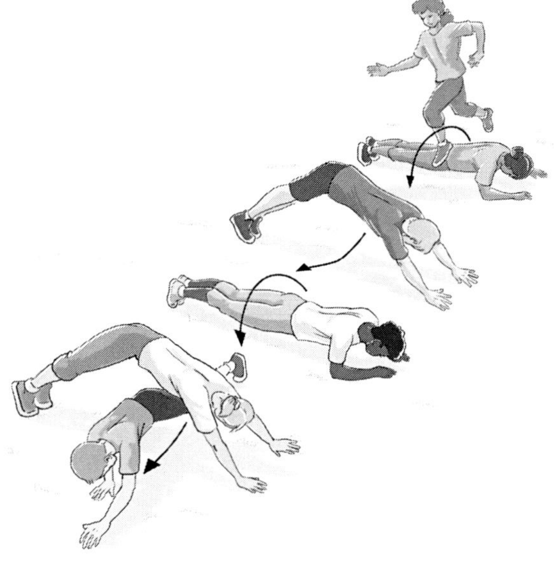

Hinweise: Liegestütz mit angehobenem Gesäß, beim Unterarmliegestütz bildet der ganze Körper eine gerade Linie.

Wie oft? 2-3 Durchgänge. Evtl. auch als Wettkampf durchführen.

Langsamer Auslauf vom Sportplatz zurück zum Park.

Trendsport Outdoor Fitness – Sport im Freien – Bestell-Nr. 12 346
KOHL VERLAG Der Verlag mit dem Baum

6.8 Outdoor – Zirkeltraining: 5 Stationen an „Geräten“

Auch das bekannte Zirkeltraining (Circuit-Training) lässt sich gut in Form eines Outdoor-Programms organisieren und durchführen.

Bei der Planung muss der Sportlehrer aber unbedingt folgende Punkte berücksichtigen:

- Welche örtlichen Gegebenheiten/Voraussetzungen sind vorhanden? Davon ist auch die Übungsauswahl abhängig.
- Ein Übungsrundgang draußen umfasst ca. 4-8 Stationen.
- Vorher festgelegte Übungen werden an verschiedenen Stationen in einer vorgegebenen Reihenfolge durchlaufen.
- Übungszeit: Je nach Leistungsvermögen der Schüler beträgt die Übungszeit pro Station ca. 45-60 Sekunden. Jede Übung sollte so oft wie möglich wiederholt werden.
- Pausen-/Wechselzeiten: Draußen nimmt manchmal allein das Wechseln mehr Zeit in Anspruch als geplant. Die Abstände der Stationen sollten etwa gleich sein. Mit der nächsten Übung kann erst begonnen werden, wenn alle ihre Station erreicht haben.
- Der Sportlehrer sollte immer Ersatzübungen einplanen, weil manchmal evtl. aufgrund der Gegebenheiten umorganisiert werden muss.
- An den einzelnen Stationen werden die Hauptmuskelgruppen möglichst im Wechsel beansprucht.
- Der gesamte Übungsdurchgang kann evtl. nach einer kurzen Pause noch einmal wiederholt werden.

Damit die angestrebte Kräftigung auch erreicht wird, ist es wichtig, dass jeder Schüler die jeweilige Übung auch funktional und unter Berücksichtigung seiner Voraussetzungen ausführen kann. Es werden deshalb an jeder Station mehrere Übungsmöglichkeiten zur Auswahl angeboten.

5-7 Minuten langsames Laufen (joggen) zum Aufwärmen im umliegenden Gelände, evtl. unter Einbeziehung der Gegebenheiten, z.B. Umlaufen der Bäume, der Parkbänke, Sprünge über Baumstämme etc.

Station 1: Für Arme und Schultern – Liegestütze
Die Arme beugen mit Blick nach unten. Anschließend die Arme wieder strecken.

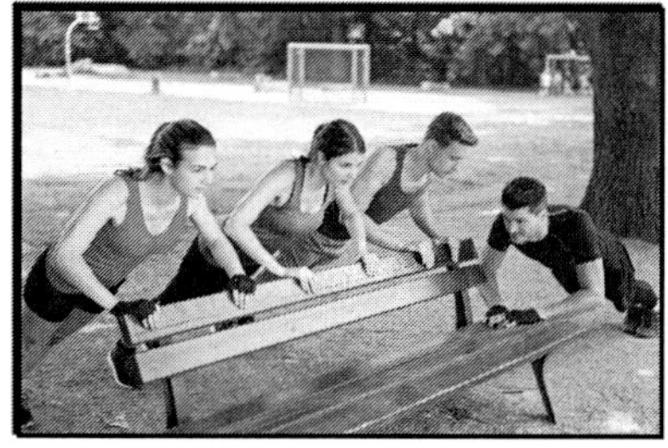
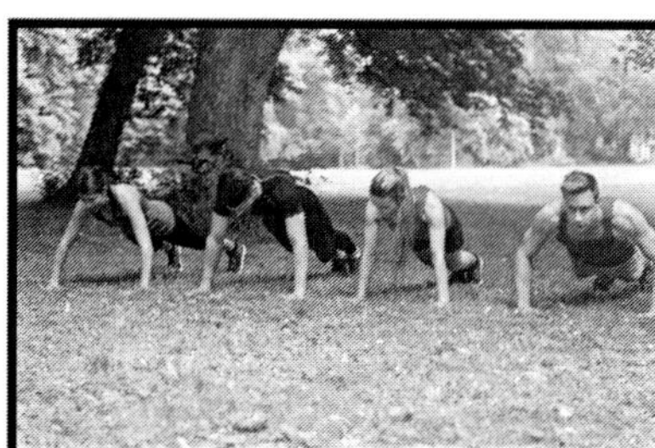
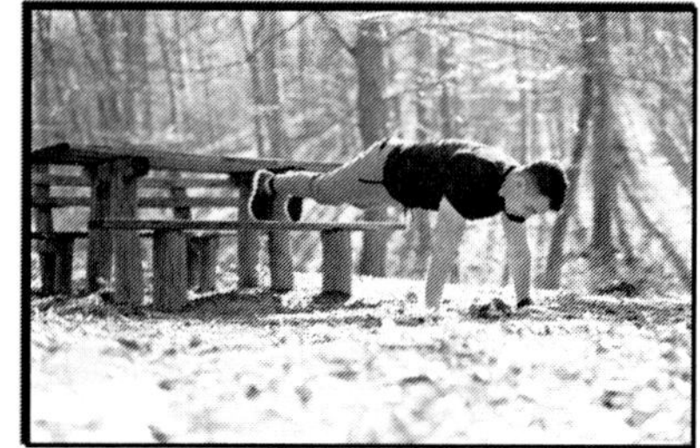

Hinweise: Während der Übung immer die Körperspannung halten. Gesäß und Schultern bleiben auf einer Linie – kein Hohlkreuz! Gleichmäßig ausführen – den Atem dabei immer weiter fließen lassen.

Tipp: Wenn die Wiederholungen gezählt werden → jedes Strecken der Arme ist 1 Punkt.

KOHL VERLAG Trendsport Outdoor Fitness – Sport im Freien – Bestell-Nr. 12 346

6.8 Outdoor – Zirkeltraining: 5 Stationen an „Geräten“

Station 2: Für Gesäß und Oberschenkel – Kniebeugen
Füße hüftbreit aufsetzen und die Knie langsam mit geradem Rücken beugen, bis die Oberschenkel fast die Waagerechte erreicht haben. Danach wieder langsam in die Ausgangsstellung zurückkommen.

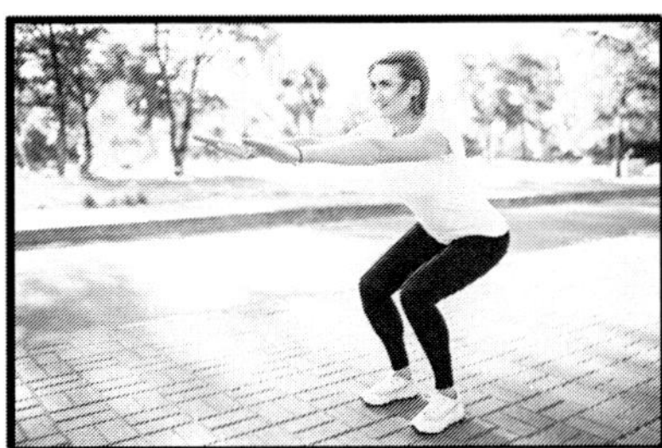
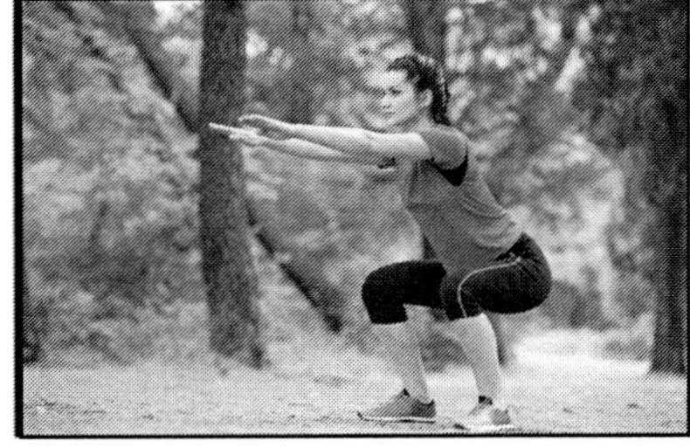
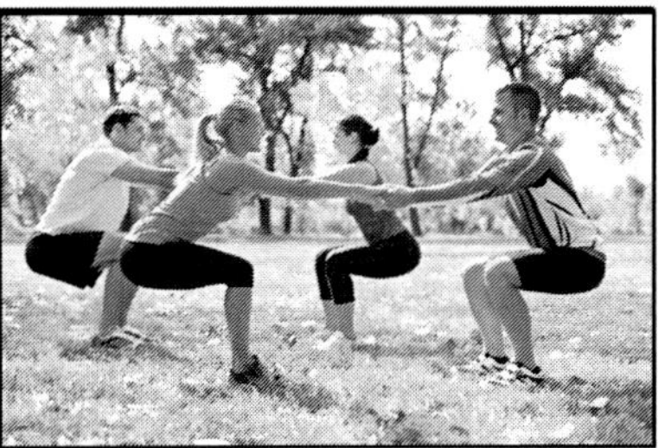

Hinweise: Die Füße bleiben bei der Ausführung immer mit der ganzen Fläche auf dem Boden.

Tipp: Wenn die Wiederholungen gezählt werden
→ jedes Strecken der Beine in die Ausgangsstellung ist 1 Punkt.

Station 3: Für den Bizeps – Klimmzüge
Sprung in den Hang, sofort die Arme beugen und den Körper hochziehen, bis der Kopf den Ast erreicht. Danach die Arme wieder strecken und nach unten sinken in die Ausgangsposition.

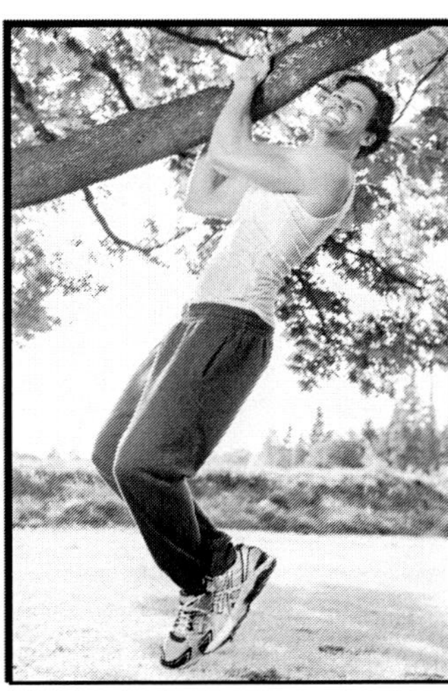
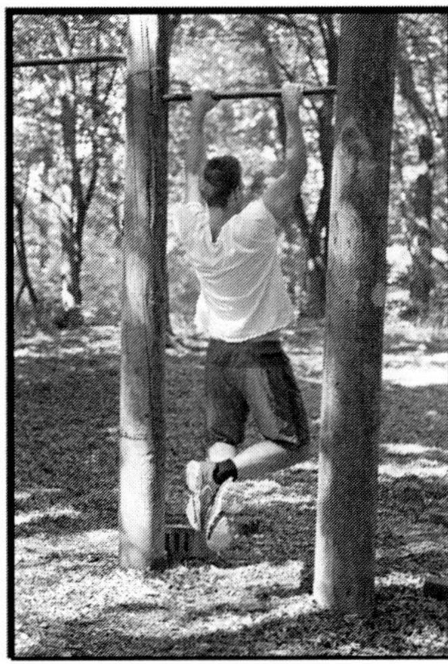
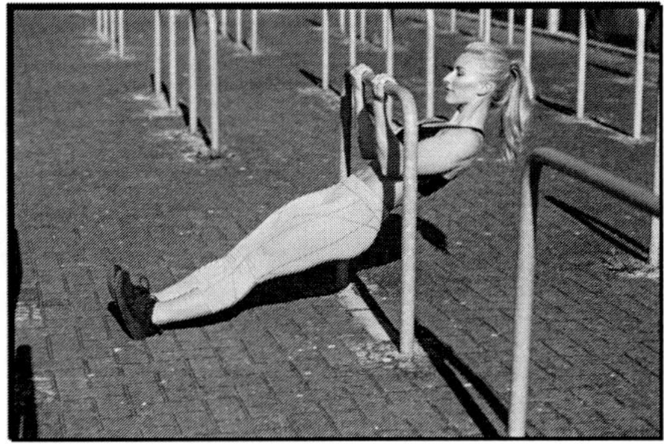

Hinweise: Die Übung immer gleichmäßig und nicht ruckartig ausführen; den Atem dabei weiter fließen lassen.

Tipp: Wenn die Wiederholungen gezählt werden
→ jedes Strecken der Arme ist 1 Punkt.

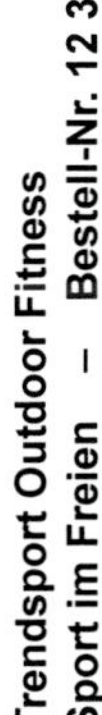

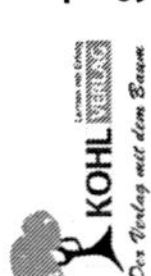

6.8 Outdoor – Zirkeltraining: 5 Stationen an „Geräten“

Station 4: Für Waden- und Beinmuskulatur – Treppen- oder Baumstammspringen
Schlusssprung auf oder über den Baumstamm, auf die Sitzfläche der Bank oder auf die erste Stufe und gleich wieder zurück in die Ausgangsstellung

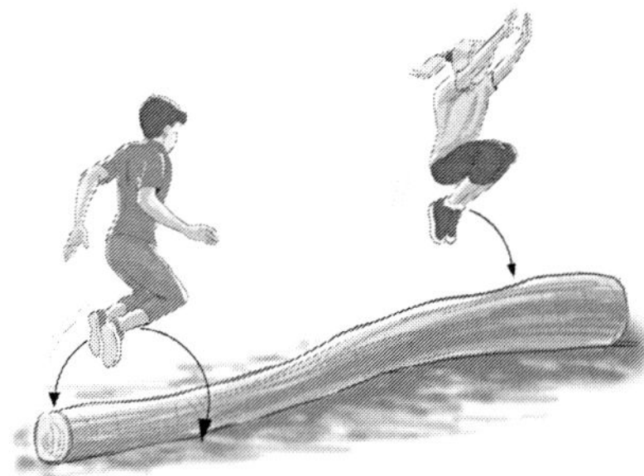
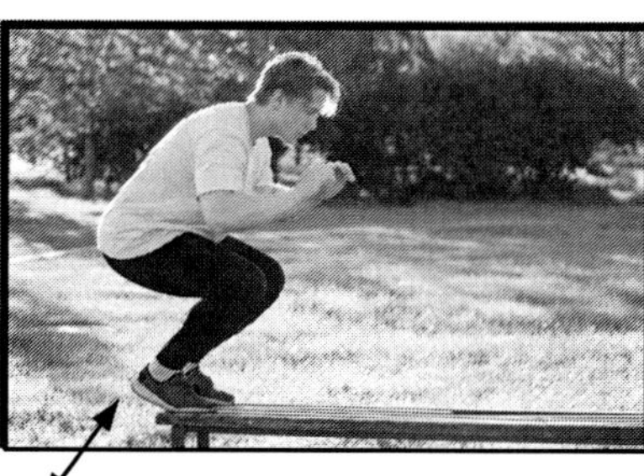
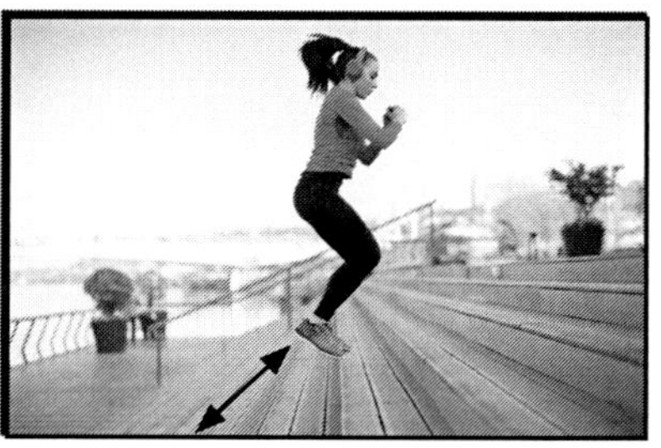

Hinweise: Möglichst gleichmäßig-rhythmisch springen und federnd landen.

Tipp: Wenn die Wiederholungen gezählt werden
→ jeder Sprung auf den Baumstamm, die Bank oder die Stufe ist 1 Punkt.

Station 5: Für den Trizeps – Dips
Mit den Händen hinter dem Rücken auf der Kante der Bank abstützen. Die Beine werden nach vorn gebracht und mit den Fersen aufgesetzt. Die Ellenbogen beugen und den Oberkörper absenken. Anschließend die Ellenbogen wieder strecken und in die Ausgangsstellung hochdrücken.

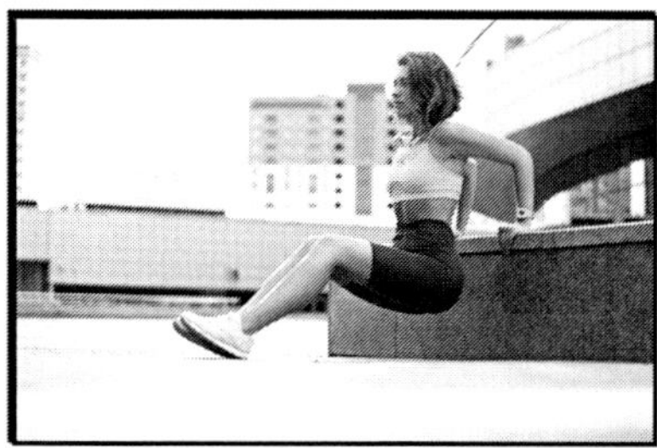
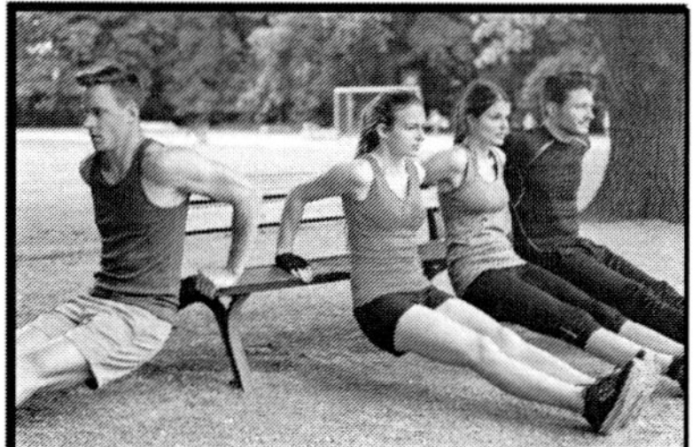
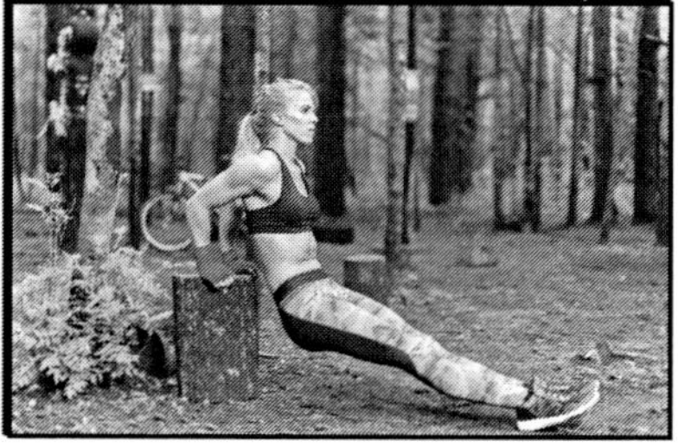

Hinweise: Langsam und gleichmäßig üben – nicht ruckartig – der Blick geht nach vorn. Den Atem dabei immer weiter fließen lassen.

Tipp: Wenn die Wiederholungen gezählt werden
→ jedes Strecken der Ellenbogen ist 1 Punkt.

Langsames Auslaufen (Joggen) im umliegenden Gelände ca. 5-7 Minuten

6.9 Outdoor – Programm: 5 Übungen ohne „Geräte“

- **Alle Schüler führen die gleiche Übung zur selben Zeit aus.**
- **Die Anzahl der Wiederholungen, das Halten der entsprechenden Position und mögliche Variationen werden immer bei der jeweiligen Übung genannt.**

Außer einer Rasenfläche wird nichts benötigt. Dieser Vorschlag ist besonders empfehlenswert, wenn im nahen Umfeld keine anderen Gegebenheiten vorhanden sind.

Voraussetzung ist, dass die Schüler die angebotenen Übungen schon einmal ausgeführt haben und auf Erfahrungen zurückgreifen können. Evtl. muss jeder Schüler ein Handtuch (oder etwas Ähnliches) als Unterlage mitbringen.

5-7 Minuten langsames Laufen (joggen) zum Aufwärmen im umliegenden Gelände, evtl. unter Einbeziehung der Gegebenheiten, z.B. Umlaufen der Bäume, der Parkbänke, Sprünge über Baumstämme etc.

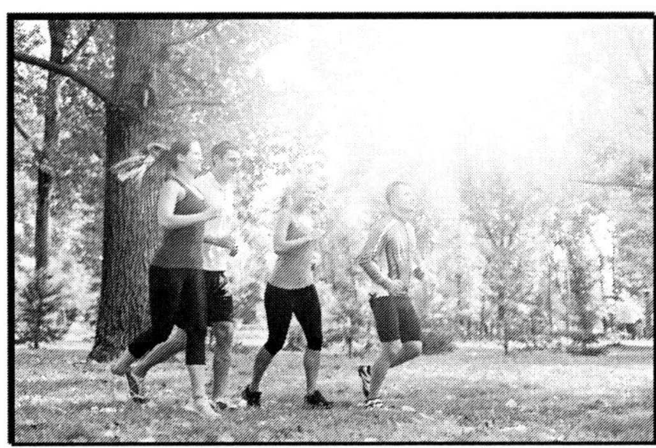

1. Übung: Ganzkörperspannung – Rumpf – Arme – Schultern – Beine
In der Bauchlage sich mit den Unterarmen abstützen. Die Beine sind hüftbreit geöffnet, die Füße werden mit den Zehen aufgesetzt. Nun den ganzen Körper vom Boden so abheben, dass eine gerade Linie entsteht. Der Blick zeigt zum Boden, der Kopf bleibt in einer Linie in Verlängerung der Wirbelsäule.

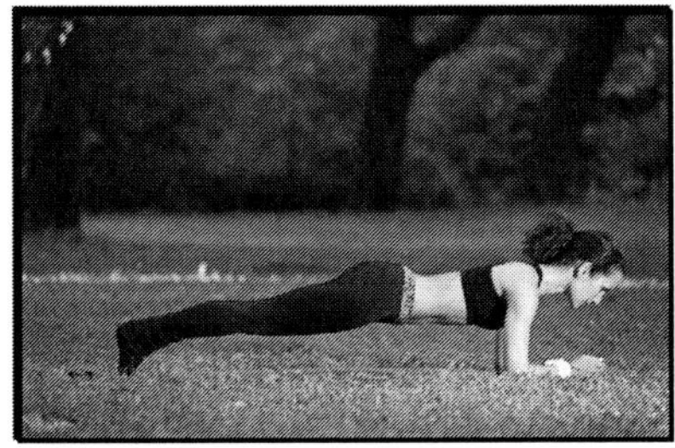

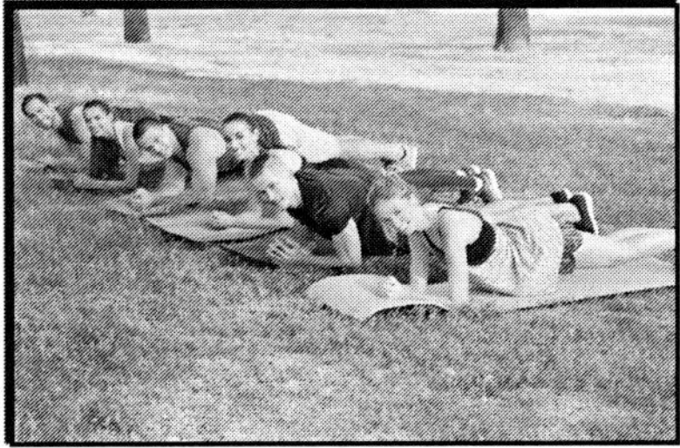

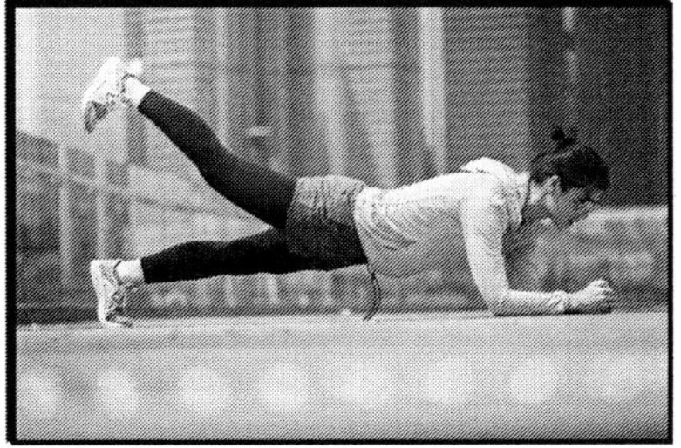

<u>Wie und wie oft</u>? Alle üben gemeinsam – die Position ca. 10 Sekunden halten, dann wieder in die Bauchlage absenken. Der Sportlehrer gibt das Signal „und hoch“ und beendet jeweils auch die Übung durch das Signal „ablegen.

Die Übung wird auf Ansage 3-5x wiederholt.

<u>Variation</u>: Für besonders leistungsstarke Schüler – ein Bein leicht anheben (siehe Abb. rechts).

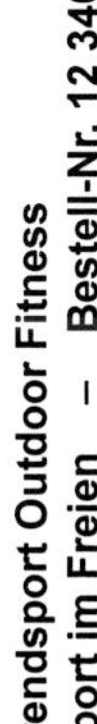

6.9 Outdoor – Programm: 5 Übungen ohne „Geräte“

2. Übung: Kniebeugen
Füße hüftbreit aufsetzen und die Knie langsam mit geradem Rücken beugen, bis die Oberschenkel fast die Waagerechte erreicht haben. Danach wieder langsam in die Ausgangsstellung zurückkommen.

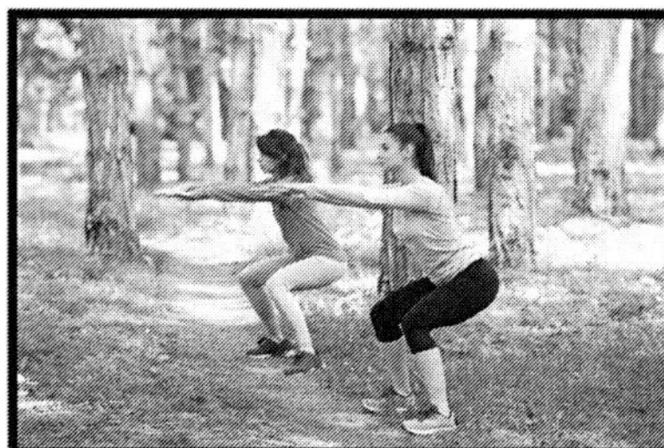
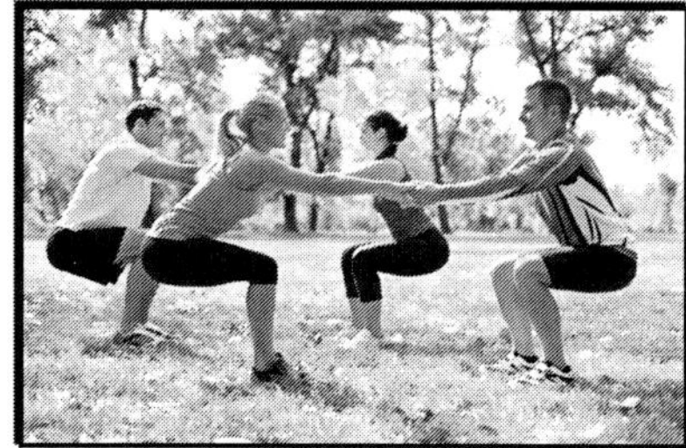
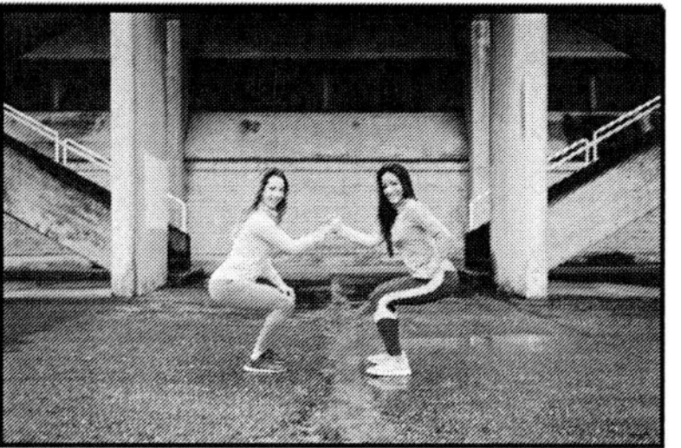

Wie und wie oft? Die Füße bleiben bei der Ausführung immer mit der ganzen Fläche auf dem Boden. Die Übung wird gemeinsam insgesamt 7-10 x ausgeführt. Die Kniebeuge-Position ca. 5-10 Sekunden halten, dann die Knie wieder strecken.

Variation: Mit dem Partner geht es manchmal sogar besser, einfacher (Abb. Mitte).

Etwas schwieriger ist es, mit dem Partner in Einhandfassung (Abb. rechts) zu üben.

3. Übung: Liegestütz
Die Hände schulterbreit aufsetzen, die Finger zeigen dabei nach vorne. Beugen und Strecken der Arme – der Blick zeigt dabei zum Boden.

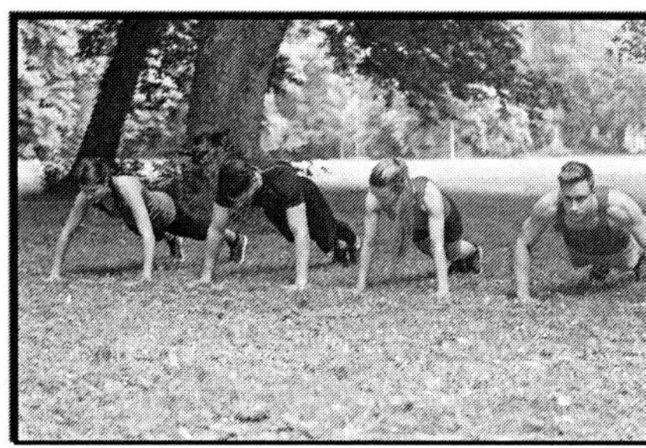
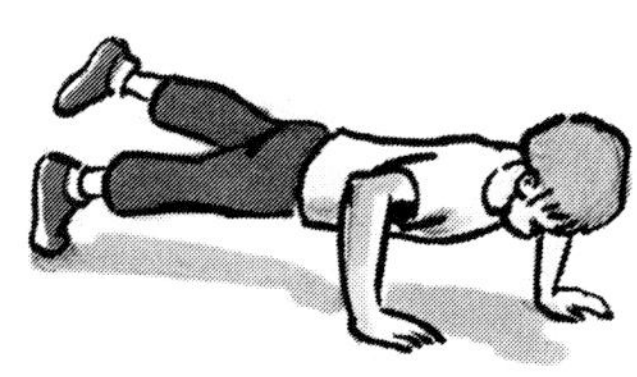
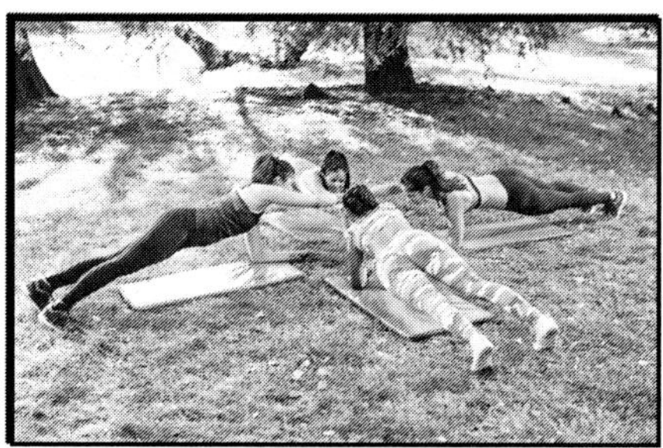

Wie und wie oft? Während der Übung immer die Körperspannung halten, d.h. Gesäß und Schultern bleiben auf einer Linie – keine Hohlkreuzbildung!

Leistungsstarke Schüler heben dabei ein Bein an.

Die Übung wird gemeinsam 7-15 x ausgeführt. Jeder Schüler wählt dabei sein eigenes Tempo.

Variation: Liegestütz in der Vierergruppe (Abb. rechts) – mit der linken Hand abstützen und die rechten Hände in der Mitte zusammenführen. Anschließend auch mit vertauschten Händen ausführen.

6.9 Outdoor – Programm: 5 Übungen ohne „Geräte“

4. Übung: Ausfallschritt

Aus dem Stand einen großen Schritt nach vorn ausführen. Das vordere Bein ist gebeugt, das hintere Bein ist fast gestreckt. Der hintere Fuß wird mit den Zehenspitzen aufgestellt, der vordere Fuß hat vollen Kontakt zum Boden. Die Hände werden auf dem vorderen Oberschenkel abgelegt.

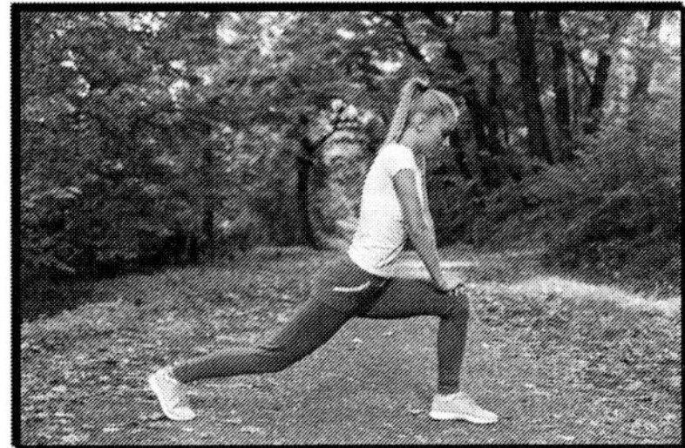

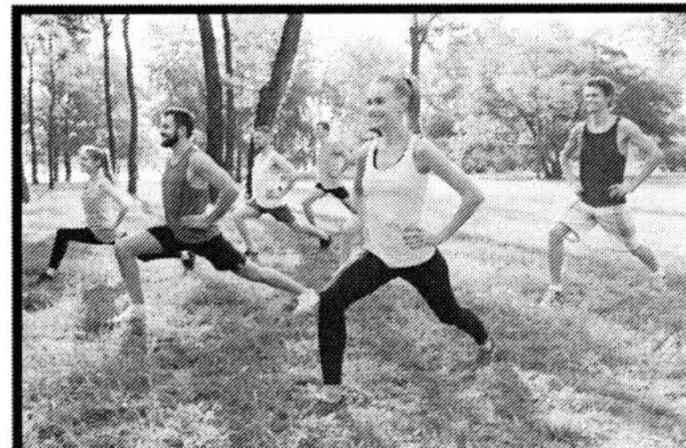

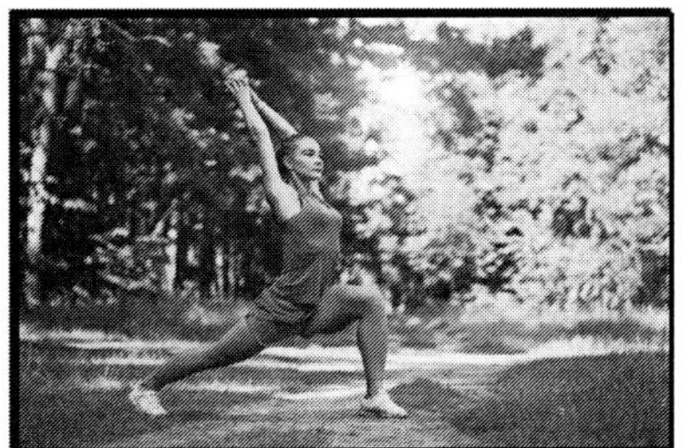

Wie und wie oft? Oberschenkel und Unterschenkel bilden einen rechten Winkel. Den Oberkörper aufrecht und den Rücken dabei gerade halten.

Die Übung wird gemeinsam 7-10 x zu beiden Seiten ausgeführt. Die Position ca. 5-10 Sekunden halten, dann zur anderen Seite üben.

Variation: Die Hände an den Hüften abstützen (Abb. Mitte).

Für besonders leistungsstarke Schüler: Weiter Ausfallschritt mit gestreckten Armen über Kopf (Abb. rechts).

5. Übung: Crunches

Rückenlage – Füße aufsetzen und die Hände ins Genick nehmen oder an die Ohren legen. Der Partner hält die Füße fest. Nun langsames Aufrollen des Rumpfes, wobei der Kopf die Bewegung einleitet. Soweit einrollen, bis der obere Beckenkamm gerade noch Bodenkontakt hat.

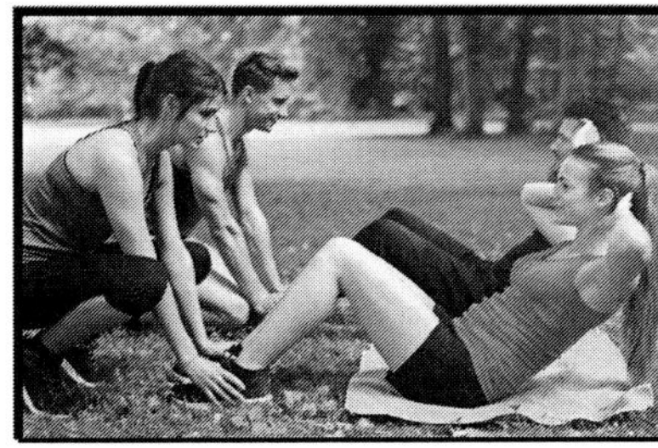

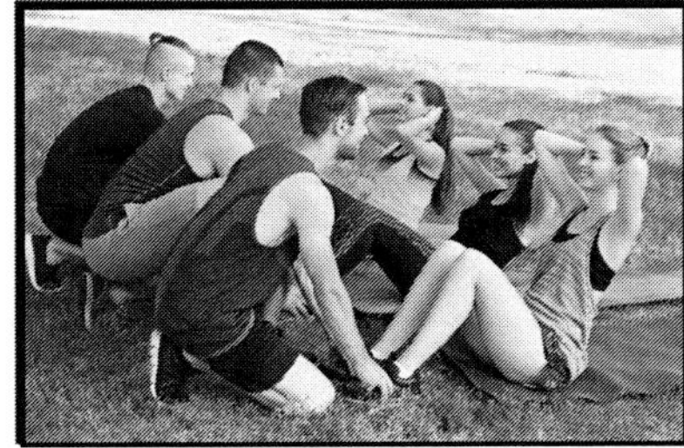

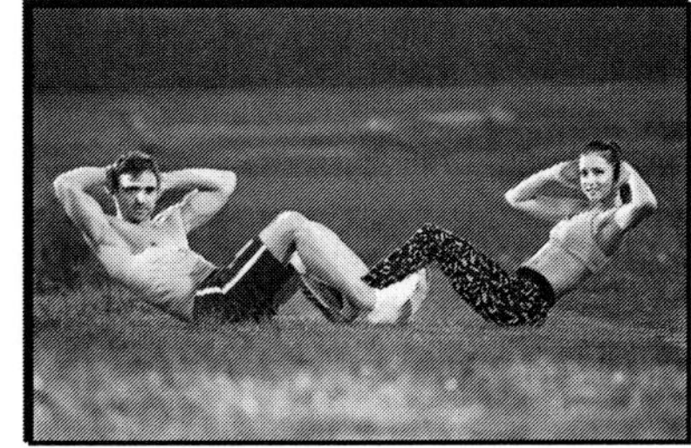

Wie und wie oft? Mit geradem Rücken langsam aufrollen – nicht schwunghaft, die Füße haben immer vollen Bodenkontakt. Der Atem fließt immer weiter (nicht pressen). Einen Moment aufgerichtet bleiben, dann wieder langsam in die Rückenlage abrollen.

Die Übung wird gemeinsam 7-10 x ausgeführt.

Variation: Zu zweit gegenüber liegen – die Füße werden nebeneinander aufgesetzt und miteinander verschränkt. Man gibt sich gegenseitig Halt! (Abb. rechts).

Langsames Auslaufen (Joggen) im umliegenden Gelände ca. 5-7 Minuten

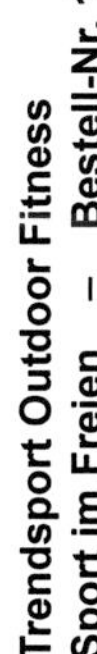

6.10 Rundstrecke: 5 Übungen

Ganz besonders interessant wird die Sportstunde im Freien, wenn im nahen Umfeld eine Rundstrecke genutzt wird, die ohne großen Aufwand erreicht werden kann und die schon einige Male zur Ausdauerschulung genutzt worden ist, d.h. also den meisten Schülern bekannt ist. Es handelt sich hier um einen mehr oder weniger befestigten Weg, der von vielen Menschen als Wanderweg genutzt wird und der in der Nähe der Schule/des Sportplatzes liegt.

- In der Regel findet man hier Baumreihen, kleine Gräben (Entwässerung) neben dem Weg, einige Parkbänke zum Ausruhen, Grünflächen (Gras), kleine Böschungen, Einfassungen (Geländer), Bordsteinkanten am Wegesrand usw.
- Es ist von Vorteil, wenn auf einer übersichtlichen Rundstrecke gelaufen und geübt wird.

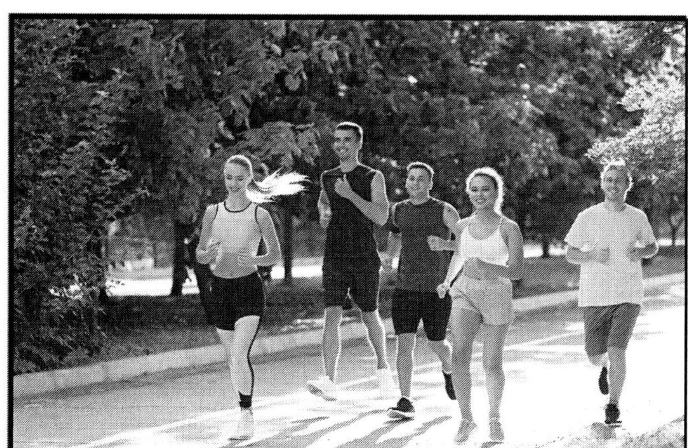

- Je nach Länge der Rundstrecke wird sie einmal oder auch mehrmals durchlaufen. Die jeweiligen Übungen werden eingestreut.
- Der Sportlehrer geht die Rundstrecke vorher immer einmal ab, um evtl. Veränderungen und Gefahrenpunkte einzuschätzen. Er erkennt dabei, was der Rundkurs anbietet und welche Übungen an welchen Stellen des Rundkurses eingeplant werden. Evtl. kann der Rundkurs zu Beginn der Sportstunde schon einmal gemeinsam abgelaufen werden (wenn die Rundstrecke nicht zu lang ist).
- Der Sportlehrer plant u.a. Übungen ein, die die jeweiligen Gegebenheiten des Rundkurses einbeziehen, z.B. Sprünge über den Graben, bietet aber auch Übungen an, die ohne Gerät möglich sind. Dabei wird mit dem eigenen Körpergewicht trainiert, z.B. Kniebeuge.
- Zwischendurch gruppieren sich die Schüler immer wieder und es wird gemeinsam langsam gelaufen, sodass ein kombiniertes Ausdauer- und Kraft-Koordinationstraining stattfindet.
- Die hier angebotenen Übungen und die Reihenfolge sind von den Zielvorstellungen des Sportlehrers sowie vom jeweiligen Rundkurs abhängig und müssen flexibel gehandhabt werden.

Es hat sich in der Planung bewährt, die Rundstrecke in einzelne Abschnitte aufzuteilen und diesen Abschnitten ganz bestimmte Übungen zuzuordnen. Die Abschnitte/Übungen sind natürlich auch immer von den örtlichen Gegebenheiten abhängig.

Die hier genannten Abschnitte und die damit gekoppelten Übungen sind fast überall umsetzbar, müssen aber evtl. aufgrund der jeweiligen Gegebenheiten angepasst bzw. modifiziert werden.

Es sollten möglichst Übungen zur Kräftigung der Hauptmuskelgruppen angeboten werden (siehe Kap. 5 – Auswahl der Übungen und Hinweise).

6 Praktische Beispiele

6.10 Rundstrecke: 5 Übungen

Beispiel 1: Rundkurs von insgesamt 3 km Länge, die Teilabschnitte betragen etwa 500 m. Nach einem Lauf von ca. 500 m folgt also immer eine Übung, danach wird wieder 500 m gelaufen, dann folgt die nächste Übung usw. Natürlich ist es auch möglich, die Teilstrecken flexibel zu handhaben, d.h. die Laufstrecke auf 750 m zu verlängern und nur 4 Übungen durchzuführen.

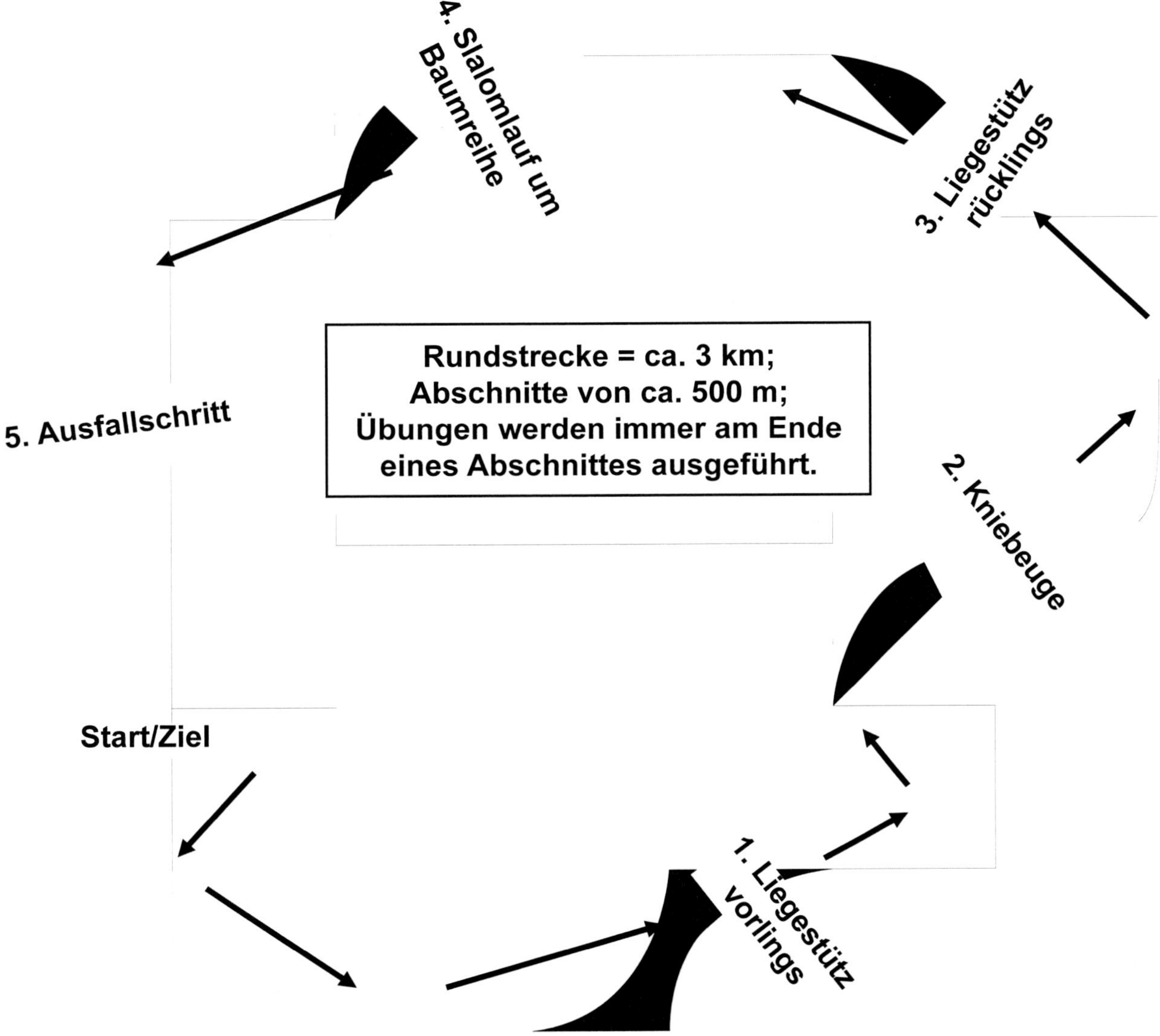

Langsamer Lauf (Joggen) zum Eingewöhnen/Warmmachen auf der Rundstrecke. Der Sportlehrer läuft vorn und gibt das Tempo an. Oder er beauftragt einen geeigneten Schüler damit und läuft selbst am Ende, hat die bessere Übersicht und kann die am Ende Laufenden ermuntern.

Tipp: Der Sportlehrer hält bei allen Übungen ein unterschiedliches Angebot bereit, um seinen Schülern gerecht zu werden und die Gegebenheiten flexibel nutzen zu können (siehe Abbildungen).

6.10 Rundstrecke: 5 Übungen

1. Liegestütz vorlings

Ausführung: Mit den Händen schulterbreit auf dem Boden, der Sitzfläche (oder Lehne) der Bank oder der Abgrenzung abstützen, die Finger zeigen dabei nach vorne. Die Arme beugen mit Blick nach unten. Anschließend die Arme wieder strecken.

Hinweise: Während der Übung immer die Körperspannung halten. Gesäß und Schultern bleiben auf einer Linie – kein Hohlkreuz!

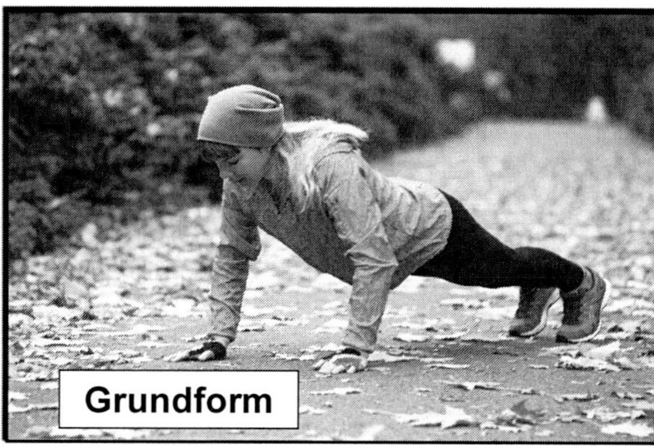

Grundform

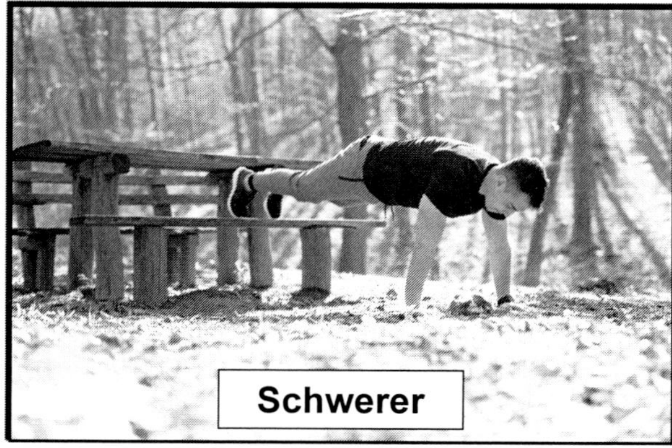

Schwerer

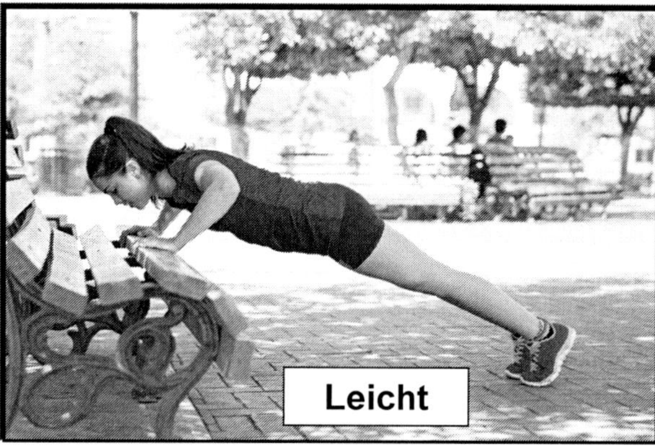

Leicht

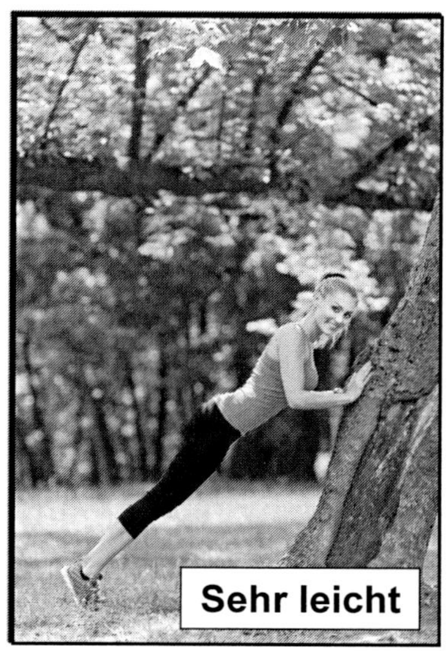

Sehr leicht

Wie oft? Je nach Leistungsvermögen führt jeder Schüler die Übung 5-10x aus, nach einer kurzen Pause dann gleich noch einmal.

Variation: Bei dieser Übung bieten sich einige Möglichkeiten zur Differenzierung je nach Leistungsfähigkeit an. Wie auf den Bildern zu sehen kommt es sehr darauf an, ob sich die Hände über (leicht) oder unter den Füßen (schwer) befinden.

Ebenfalls schwerer wird die Übung entweder durch einen sehr engen oder einen sehr weiten Handabstand voneinander. Auf diese Weise trainiert man auch verschiedene Muskelgruppen intensiver: Enger Abstand = Oberarmstrecker, weiter Abstand = Brustmuskel.

Die Schüler laufen als Gruppe langsam 500 m weiter, um dort die nächste Übung auszuführen.

KOHL VERLAG Trendsport Outdoor Fitness
Sport im Freien – Bestell-Nr. 12 346

6.10 Rundstrecke: 5 Übungen

2. Kniebeuge – Squats

Ausführung: Die Füße hüftbreit aufsetzen und die Knie langsam beugen mit geradem Rücken, bis die Oberschenkel fast die Waagerechte erreicht haben. Einen Moment in dieser Position bleiben, dann wieder langsam in die Ausgangsstellung zurückkommen.

Hinweise: Die Füße bleiben bei der Ausführung immer mit der ganzen Fläche auf dem Boden.

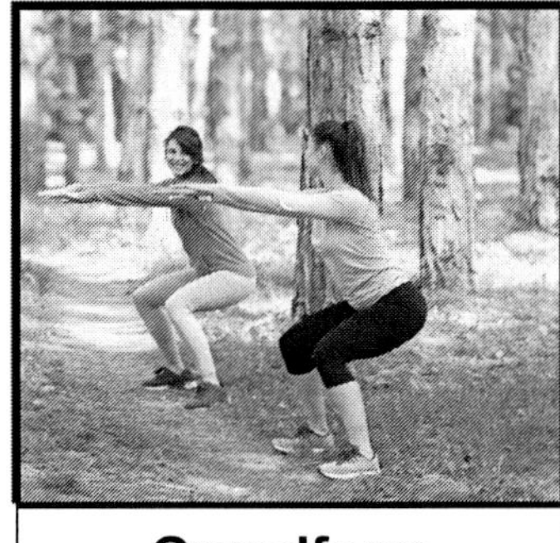

Grundform

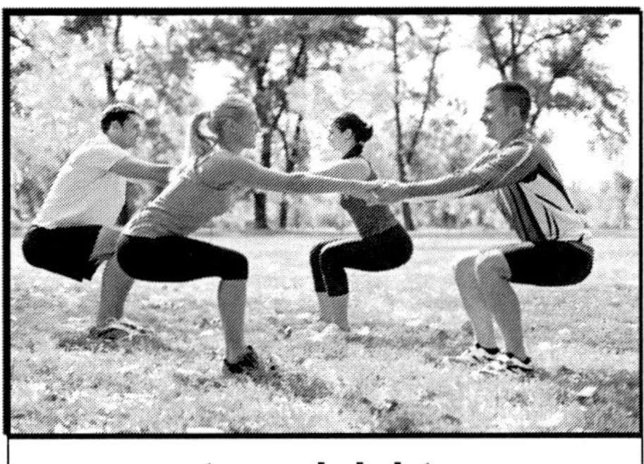

etwas leichter

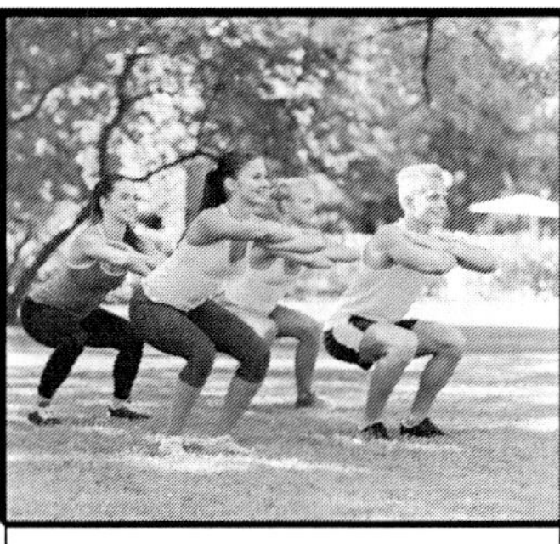

Schwerer – Armhaltung

Wie oft? Je nach Leistungsstand 10-15 x ausführen.

Variation: Mit einem Partner wird die Übung von der Kraft her einfacher. Es bedarf allerdings Geschick in der Koordination, also auch Konzentration.

Schwieriger wird es, wenn beim Beugen gleichzeitig die Arme überkreuzt werden (mit Händen auf den Schultern).

Die Schüler laufen als Gruppe langsam 500 m weiter, um dort die nächste Übung auszuführen.

3. Liegestütz rücklings – Dips

Ausführung: Mit den Händen hinter dem Rücken auf der Kante der Bank oder auf der Abgrenzung abstützen. Die Beine werden nach vorn gebracht und mit den Fersen aufgesetzt. Die Ellenbogen beugen und den Oberkörper absenken, bis die Oberarme fast parallel zum Boden sind. Dann Ellenbogen strecken und sich in die Ausgangsstellung hochdrücken.

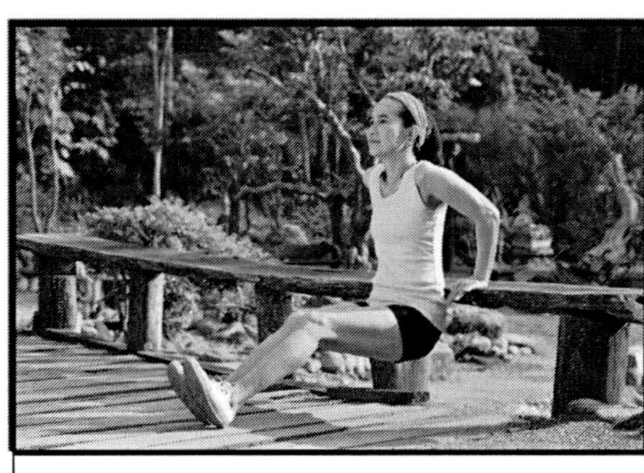

Grundform

Hinweise: Langsam und gleichmäßig ausführen – nicht ruckartig; dabei immer den Atem weiter fließen lassen.

Wie oft? Je nach Leistungsstand 10-15 x ausführen, nach kurzer Pause gleich noch einmal.

Die Schüler laufen als Gruppe langsam 500 m weiter, um dort die nächste Übung auszuführen.

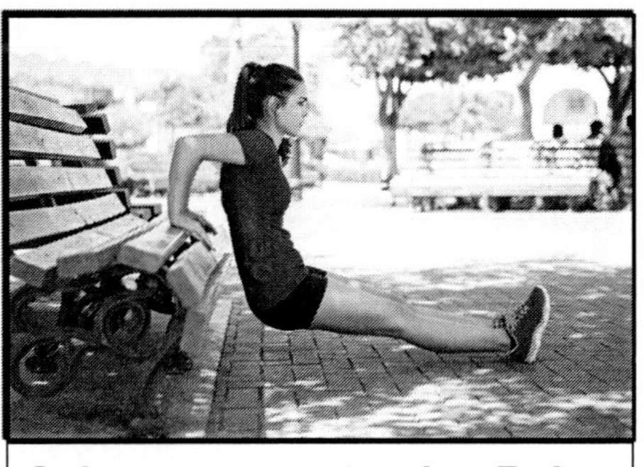

Schwerer – gestreckte Beine

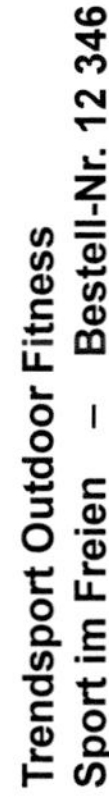

6.10 Rundstrecke: 5 Übungen

4. Slalomlauf um eine Baumreihe

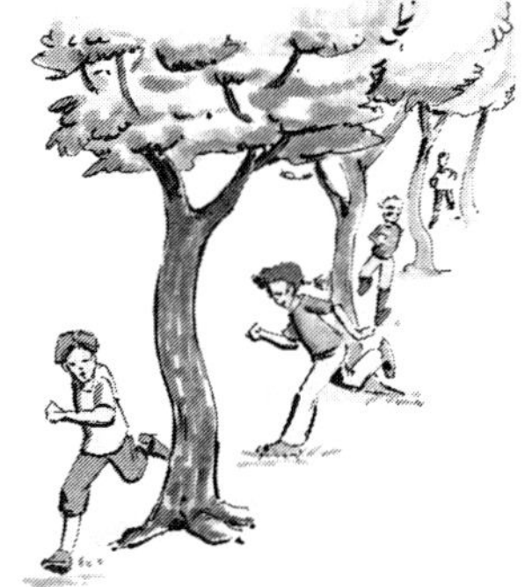

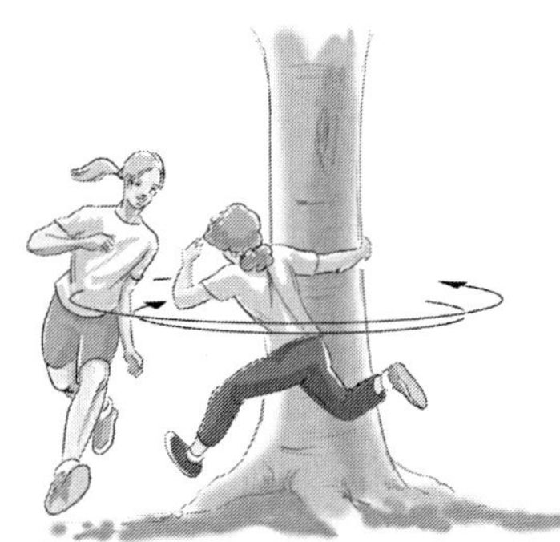

Ausführung: Die Übenden stellen sich hintereinander auf und laufen zunächst hintereinander an der Baumreihe vorbei. Wenn der letzte Baum erreicht ist, beginnt in umgekehrter Richtung der Slalomlauf um die Baumreihe.

Hinweise: Immer mit Abstand in Reihe laufen, es darf nicht überholt werden. Aufgrund der Gegebenheiten legt der Sportlehrer den Wendepunkt fest, d.h. die Anzahl der zu umlaufenden Bäume wird angesagt.

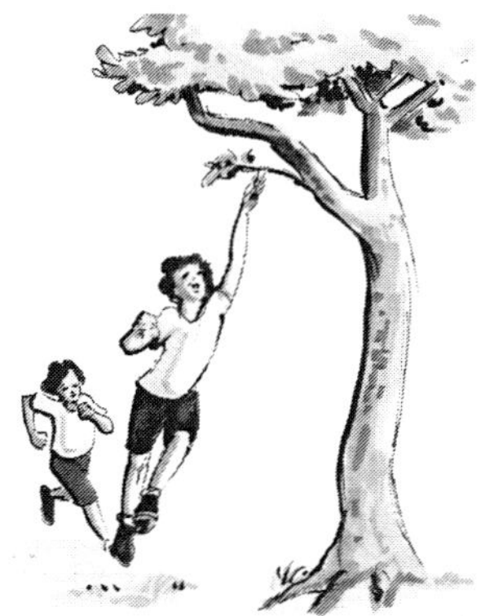

Wie oft? 3-4 x ausführen. Es kommt darauf an, wie viele Bäume zu umlaufen und wie groß die Abstände zwischen den Bäumen sind.

Variation: Laufstarke Schüler umrunden jeden Baum 1 x und laufen erst dann weiter nach vorne zum nächsten Baum. Oder sie versuchen im Sprung einen über Reichhöhe befindlichen Ast zu berühren.

Die Schüler laufen als Gruppe langsam 500 m weiter, um dort die nächste Übung auszuführen.

5. Ausfallschritt – Lunges

Aus dem Stand einen großen Schritt nach vorn ausführen. Danach ist das vordere Bein gebeugt, das hintere Bein ist (fast) gestreckt. Der hintere Fuß steht auf den Zehen, der vordere Fuß hat vollen Kontakt mit dem Boden. Die Hände werden locker auf dem vorderen Oberschenkel abgelegt.

Hinweise: Die eingenommene Position einige Sekunden beibehalten, dann wieder in die Ausgangsstellung zurückkommen und zur anderen Seite üben.

Variation: Durch verschiedene Armhaltungen werden die Muskeln des Oberkörpers einbezogen. Auf eine gerade Rückenhaltung mit Körperspannung achten.

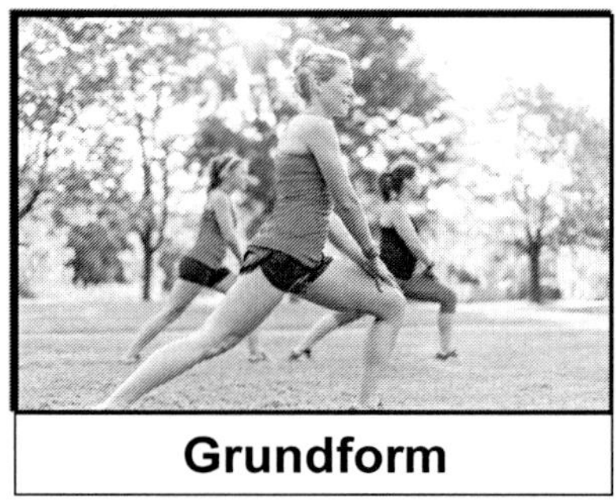

Grundform

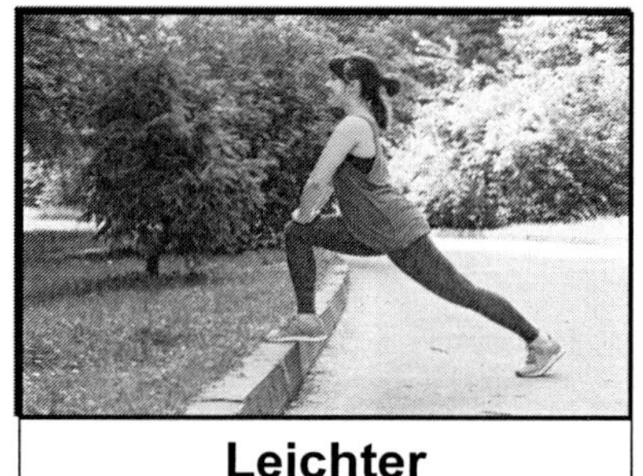

Leichter

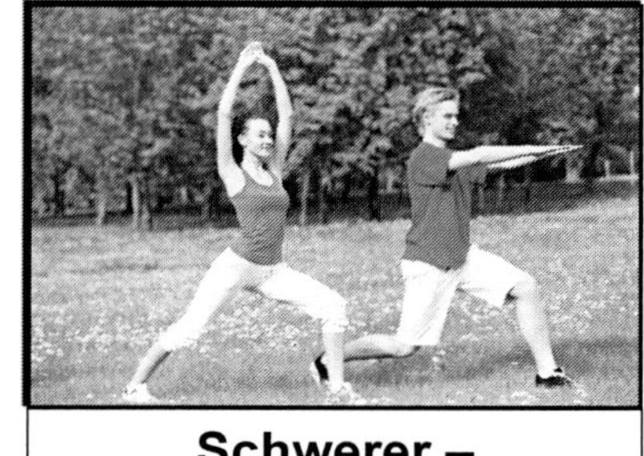

Schwerer – Armhaltung verändern

Langsames gemeinsames Auslaufen auf der ganzen Rundstrecke.